Esther Mitterstieler

Stoppt die Banken

Wie Finanzinstitute unsere Zukunft verzocken

Esther Mitterstieler

STOPPT DIE BANKEN

Wie Finanzinstitute unsere Zukunft verzocken

braumüller

Aus Gründen der Lesbarkeit wurde in diesem Buch darauf verzichtet, geschlechtsspezifische Formulierungen zu verwenden. Die Autorin möchte jedoch ausdrücklich festhalten, dass die gebrauchten maskulinen Formen für beide Geschlechter zu verstehen sind.

Bibliografische Information der Deutschen Nationalbibliothek
Die Deutsche Nationalbibliothek verzeichnet diese Publikation in der Deutschen Nationalbibliografie; detaillierte bibliografische Daten sind im Internet über http://dnb.d-nb.de abrufbar.

Printed in Austria

1. Auflage 2014
© 2014 by Braumüller GmbH
Servitengasse 5, A-1090 Wien

www.braumueller.at

Coverfoto: DNY59 / istockphoto
Lektorat: Julia Hinske
Druck: Druckerei Theiss GmbH, A-9431 St. Stefan im Lavanttal
ISBN 978-3-99100-129-4

Inhalt

Was Politiker besser machen können.
„Jeder will der Kapitän sein, keiner für Fehler geradestehen:
Wenn man solche Kapitäne hat,
sollte man keine Kreuzfahrt buchen."

Was Ratingagenturen und Wirtschaftsprüfer lernen können.
„Richtige Sieger sehen anders aus."

Was der derzeitige Plan, die Bankenwelt zu verändern, verspricht.
„Ob die Banken sicherer werden,
ist alles andere als gewiss."

Warum zu viele Regeln nicht den gewünschten Umschwung bringen.
„Vertrauen basiert auch auf Regeln.
Wie diese aussehen und angewandt werden,
darf nicht nur die reine Regulierungswut bestimmen."

I.

WARUM WIR
NEUE
BANKEN
BRAUCHEN

Jeder von uns hat ein Bankkonto. Man kann also sagen: Banken gehen uns alle etwas an. Es sollte uns entsprechend interessieren, wie es den Banken geht und wo ihre Zukunft liegt. Denn unsere eigene ist eng mit der der Banken verbunden. Beginnen wir mit einer Anekdote:

Der Sohn sagt seinem Vater, dass er die gleiche Spielkonsole haben möchte, die auch sein bester Freund hat. Der Vater antwortet: „Die ist zu teuer. Dafür haben wir kein Geld."

Unbekümmert erwidert der Sohn: „Warum hebst du das Geld nicht einfach vom Geldautomaten ab?"

Ähnlich unbekümmert agierten internationale Banker in den Jahren vor und nach der Pleite der US-Investmentbank Lehman Brothers. In übertragenem Sinn waren die Banker die Kinder und der Staat der Vater.

Akteure an den Finanzmärkten waren ähnlich sorglos wie der Sohn in der Anekdote und setzten für den Notfall schon mal auf ein Eingreifen des Staates. Nach dem Motto: Der Geldautomat ist gefüllt, also kann ich jederzeit abheben. Ein gefährlicher Trugschluss.

Warum haben sich viele Banker vom Irrtum leiten lassen, Geld könne bloß vermehrt werden, aber nie verloren gehen? Wie konnte es überhaupt so weit kommen, dass die Insolvenz einer US-Investmentbank zuerst die ganze Finanz- und dann die gesamte Wirtschaftswelt in eine Krise stürzte, die ein Ausmaß annahm, vergleichbar nur mit dem der Großen Depression 1929? Wo und warum haben die einzelnen Akteure versagt? Was muss am System geändert werden, um das Aufkommen einer erneuten Krise zu verhindern?

Diese Fragen müssen beantwortet werden, um künftig eine Handhabe im Umgang mit Banken, öffentlichen Finanzen, Verantwortung von Vorständen, Aufsichtsräten, Politikern, Behörden, Ratingagenturen, Wirtschaftsprüfern und besonders den Schattenbanken zu haben.

Diese Schattenbanken betreiben zwar bankähnliche Geschäfte, haben aber keine Banklizenz und brauchen sich um viele Regeln nicht zu kümmern. Schattenbanken – dazu gehören beispielsweise Geldmarktfonds und Hedgefonds – sind de facto immer noch unreguliert. Dabei sorgten schon die Regeln für herkömmliche Banken nicht für ausreichend Stabilität, bis heute ist es in Europa nicht möglich, eine Bank in die Insolvenz zu schicken.

Die neu etablierte Bankenunion bereitet diese Möglichkeit zwar vor, bis zur effektiven Umsetzung wird es aber dauern.

Was machen die Banken sechs Jahre nach Lehman? Haben sie etwas gelernt aus der Finanzkrise und ihre Bücher in Ordnung gebracht? Das waren weitere Fragen, die mich beschäftigt und zum Schreiben dieses Buches motiviert haben.

Banken halten eine Volkswirtschaft am Laufen.

Die Banker wussten zwar um diese große Verantwortung, sie waren sich aber auch bewusst, dass sie sich – gerade wegen der enormen Bedeutung einer Bank für die Wirtschaft – zur Not auf die Hilfe des Staates verlassen konnten.

Das wird nicht mehr lange der Fall sein, weltweit sind entweder schon Regeln in Kraft getreten bzw. werden noch aktiviert, die einen solchen „Moral Hazard" in Zukunft verhindern sollen. Das heißt: Zocken auf Kosten der Steuerzahler wird es bald nicht mehr geben.

Auf einige Banken, die der Staat retten musste, wird im Buch näher eingegangen. Gemeinsam war den betroffenen Banken und Bankern, dass sie ihre Geschäfte längst nicht so gut beherrschten, wie sie in ihren Geschäftsberichten vorgaben. Das war auch der Grund, warum sie aus diversen Gründen an den Rand des Abgrunds gerieten.

Wenn es eng wurde, ist der Staat eingesprungen. Ob Fannie Mae und Freddie Mac, Hypo Real Estate, Hypo Alpe Adria oder UBS: Diese Banken würde es ohne staatlichen Rückhalt nicht mehr geben. Und ohne den der Steuerzahler.

Natürlich haben nicht alle Banken Steuergeld benötigt, trotzdem brauchen alle Bankentypen stabilere Rahmenbedingungen zur Ausübung ihrer Geschäfte. Schließlich ist die Bankenwelt aufs Engste vernetzt. Dementsprechend kann der Fall einer einzelnen Bank zu einem ungeahnten Dominoeffekt führen – mit negativen Folgen für die Gesamtwirtschaft. Daher brauchen wir eine neue Orientierung der Banken, die dazu führt, dass eine Bank wieder eine „sichere" Bank wird.

Wie wir neue Banken etablieren können, war das zentrale Thema meiner Suche. Auch darauf werden Sie, liebe Leserinnen und Leser, eine Antwort finden.

Es gibt einen weiteren Aspekt, der viel zu oft vergessen wird: dass die Wirtschaft insgesamt, die Banken für den Geldkreislauf braucht.

Was ist Wirtschaft? Das sind Unternehmen, Banken, wir alle sind Wirtschaft. Keiner von uns darf sich aus der Verantwortung ziehen: Wer von seiner Bank eine Rendite von mindestens zehn Prozent verlangt, hat nicht verstanden, worum es geht. Die Zinsen müssen erst verdient werden.

Die Banken sind auch sechs Jahre nach Lehman die Buhmänner der Nationen: die Staaten und Bürger viel Geld gekostet und gezockt haben, bis zum Umfallen. Hier muss man aber auch die Kirche im Dorf lassen: Bank war nicht gleich Bank. Aber gewiss: Beteiligt waren alle – die einen mit mehr, die anderen mit weniger Risiko.

Das war und ist allerdings systemimmanent. Wer nicht mitspielte, konnte nichts verdienen. Die Investoren verlangten Gewinn und Rendite. Und so schloss sich der Kreis.

Es ist eine Weile gut gegangen und mahnende Stimmen wie die der Nobelpreisträger Robert Shiller und Paul Krugman wurden schon verächtlich als „Kassandras vom Dienst" abgetan. Shiller hat gleich vor mehreren Finanzkrisen gewarnt, nach dem Absturz der New Economy und dem Platzen der Dotcom-Blase 2001 auch Lehman bzw. das Platzen der Immobilienblase in den USA und die daraufhin entstandene Krise um den Fall von Lehman.

Der große Crash liegt hinter uns, aber die Gier nach mehr bleibt. Bei Banken, Regierungen, Bürgern. Ohne die Gier wäre die Goldgräberstimmung nicht möglich gewesen. Zu viele haben vergessen: ohne Risiko keine Rendite.

Lassen Sie sich nicht einreden, es habe sich alles geändert. Hier soll aufgezeigt werden, wo es bereits Änderungen am System gab und wo noch anzusetzen ist. Die Liste der noch zu erledigenden Aufgaben ist dabei deutlich länger ausgefallen.

Ich habe Wert darauf gelegt, konkrete Beispiele zu nennen und mit ihnen zu illustrieren, was im Zusammenspiel diverser Player wie Politiker und Manager alles falsch laufen konnte.

Das Buch richtet sich besonders an Leser in Österreich, Deutschland und der Schweiz, ich greife auf Beispiele aus allen drei Ländern zurück. Denn nichts ist meiner Meinung nach einprägsamer, als anhand von konkreten Fällen Fehler und Chancen aufzuzeigen.

Trotzdem möchte ich regionale mit globalen Begebenheiten verbinden und Verknüpfungen aufzeigen.

Dabei werden Sie entdecken, wie sehr Finanz- und Wirtschaftswelt verwoben sind. Das Geldwesen ist ohne Wirtschaft und Politik nicht zu verstehen. Ich hoffe, ich trage ein wenig zu einem besseren Verständnis dieser verknüpften Wirtschaftswelt bei.

II.

WARUM BANKEN
ZOCKEN
MÜSSEN

„The winner takes it all": Es war im Jahr 1980, als die schwedische Band Abba mit diesem vielsagenden Titel durch die Lande zog. Der Song erlebte ein Revival und die Kernaussage trifft den Zustand der Wirtschaft punktgenau.

Was Ende der 1980er-Jahre galt, hat bis heute traurige Gültigkeit und beschreibt nicht nur die Finanz-, sondern die gesamte Wirtschaftswelt. Egal welches Unternehmen, egal welche Bank: Alle streben nach wie vor nach dem maximalen Profit, nach dem höchstmöglichen Gewinn. Um Geschäfte zu machen, ist jede Bank im Wettbewerb mit anderen Banken. Um Kunden zu generieren bzw. zu behalten, steigert so manche Bank die Risiken. Das führt letztendlich zu einem unsicheren System. Um die Lage der Banken beschreiben zu können, muss dieses System im Ganzen betrachtet werden.

Überlegen Sie kurz, welches Bild von Unternehmen im Allgemeinen und Banken im Speziellen Sie durch die Medien vermittelt bekommen. Nicht nur auf den Wirtschaftsseiten der Zeitungen oder Magazine, auch im Radio, TV und allen voran im Internet werden Sie mit Informationen überschüttet, die unübersehbar Ausdruck des in Schieflage geratenen Wirtschaftssystems sind. Diese Informationen sind ein Spiegel, in dem man sieht, wie Wirtschaft derzeit funktioniert. Unternehmensmeldungen sind umso mehr „Wert", je mehr der Vorstand das Ergebnis und den Aktienkurs gesteigert hat, gewissermaßen die Hauptingredienzien des äußerlichen Erfolgs eines Unternehmens. Es liegt auf der Hand, dass der Abbau von Arbeitsplätzen nach demselben System funktioniert. Je mehr, desto besser, lautet auch hier die zynische Formel.

Man kann sich ausmalen, was Investoren serviert bekommen wollen. Die Meldung über maximalen Gewinn bei minimalem Kapitaleinsatz. Die Mitarbeiter binden viel Kapital. Sprich: Mitarbeiter sind Jobs, sind Fixkosten, sind Klötze am Bein der (Kosten-)schlank orientierten Vorstände und Investoren.

Hier mangelt es am Grundverständnis für gutes Wirtschaften: Plötzlich sehen sich Vorstände in der Rolle, ganz viel sparen zu müssen. Leider missverstehen sie ihre Rolle heute genauso wie vor dem Fall von Lehman. Nur an Mitarbeitern und Jobs zu sparen, ist ein ebenso billiges wie kurzfristiges, kurzsichtiges Befriedigen der immer noch rein Kapitalmarkt-getriebenen Investoren und Aufsichtsräte. Es dient in erster Linie der Sicherstellung der eigenen Vorstands-Boni. Die Medien spielen unbewusst oder bewusst mit.

Der Druck auf die Topmanager nach Gewinn um fast jeden Preis ist seit Lehman keineswegs kleiner geworden. Im Gegenteil. Nicht zuletzt infolge der Finanzkrise entwickelte sich ein ebenso unverkennbarer Trend, Finanzvorstände zu Vorstandsdirektoren (CEO) zu ernennen. Hauptsache die Rendite stimmt und die Fixkosten sinken. Zu diesen Fixkosten zählen vor allem Jobs. Die Menschen dahinter sind den unter Druck stehenden Managern relativ egal, die Zahlen müssen passen.

Das hat einen weiteren Nebeneffekt, der leider immer noch zu gerne in Vergessenheit gerät: Reines Erbsenzählen mag kurzfristig Bilanzen schöner aussehen lassen, langfristig wird dieser zwischenzeitliche Verzicht auf jegliche Strategie böse enden, schlimmer als beim vergangenen Mal. Und es wird auf jeden Fall ein nächstes Mal geben.

Und hier liegt schon die Antwort auf die Frage, warum Banken zocken müssen: weil ihnen gar nichts anderes übrig bleibt – wie den anderen Unternehmen weltweit im Übrigen auch. Natürlich können wir über die Gier der Banker lamentieren, besser wäre es, hier von der Gier der Menschen zu sprechen. Wenn es um Geld geht, ist vielen

Menschen jedes Mittel recht. So schaut auch unser Wirtschaftssystem aus. Es ist ein Spiegel der Gesellschaft, ob wir wollen oder nicht.

Es ist ein System des totalen Drucks und der totalen Vernetzung. Das macht die Lage so gefährlich: Einerseits bringt der Druck nach dem maximalen Gewinn die Banken dazu, oft mehr Risiko einzugehen, als ihnen guttut. Das gilt auch für andere Unternehmen. Andererseits ist es gerade im Fall der Banken extrem schwierig, einzugreifen, weil sie wiederum als wichtige Mittler und Vermittler viele Wirtschaftszweige im Sog mit sich nach unten ziehen könnten. So geschehen im Fall Lehman, den wir im nächsten Kapitel noch näher betrachten.

Warum können sich die Banken als wichtige Spieler im Wirtschaftsleben diesem gewinnorientierten Sog nicht entziehen? Die Antwort ist schlicht und einfach: Wer sein Geschäft als guter Bankkaufmann wirklich ernst nimmt, hat keine Chance, am Markt zu bestehen. Denn eine Bank muss sich refinanzieren, sie braucht also viele verschiedene Geldquellen. Das unterscheidet sie grundlegend von einem anderen Unternehmen, das meist lediglich eine Handvoll Geldgeber hat.

Will eine Bank Geld am Kapitalmarkt aufnehmen, benötigt sie ein bestimmtes Gütesiegel, das ihr eine Ratingagentur verpasst. Die Ratingagenturen untersuchen, wie gut ein Unternehmen oder eine Bank wirtschaftet, wie viel Polster das Unternehmen für schlechte Zeiten auf die Seite gelegt hat, wie seine Prognose für die Zukunft aussieht. Hat die Agentur das geprüft, gibt sie ihre Stellungnahme und Benotung dazu ab. Nur wer in der Meinung einer der drei marktbeherrschenden Ratingagenturen – Moody's, Standard & Poor's und Fitch Ratings – alle Voraussetzungen erfüllt, bekommt überhaupt Geld am Markt, um sich zu refinanzieren. Dazu gehören neben vielen anderen Kriterien der Aktienkurs ebenso wie der Gewinn.

„Eine Bank muss sich refinanzieren" heißt nichts anderes als: sie muss sich Geld beschaffen, um Kredite vergeben zu können, also die Wirtschaft am Laufen zu halten.

Da ist kein Platz für dürftige Erträge. Der Markt ist immer und überall. Und der Markt – oft wird mit Blick auf die Börsen auch der Plural Märkte verwendet – hat immer recht: So hat Wirtschaft vor dem Fall von Lehman funktioniert und so funktioniert sie leider immer noch.

Das System muss geändert werden. Dann können auch die Banken wieder ihr ureigenes Geschäft erledigen und kalkulierbare Risiken eingehen, aber eben nicht solche, die nur am Spieltisch Gewinn versprechen und häufig nicht erzielen.

Stichwort Versprechen. Aus solchen bestehen viel zu oft nicht nur die bilanziellen Ausblicke der Firmen und Banken, Versprechen lassen auch die Wirtschaftsprüfer, Politiker sowie Mitarbeiter von Ratingagenturen und Behörden agieren. Das Kartenhaus ist auf dem Versprechen aufgebaut, dass es nicht zusammenbricht.

Bemerkenswert ist etwa, dass seit den 1980er-Jahren Unternehmen nach der Methode des Shareholder Value bewertet werden und wir davon noch immer nicht abgekommen sind. Das bedeutet in der Praxis: Bewertet werden vor allem potenzielle künftige Erträge. Ich erhebe also, was ich in den nächsten Jahren verdienen könnte, und dementsprechend setze ich mir meine Ziele. Je höher ich meine Ziele setze, umso mehr Interesse wecke ich bei den Geldgebern, sprich Investoren. Was liegt näher, als meine Ziele immer höher zu schrauben, bis sie zur Illusion verkommen? Und wie überall wirkt auch hier der Herdentrieb.

Wenn mein Mitbewerber sich das Ziel von 20 Prozent mehr Gewinn für das nächste Jahr setzt, warum sollte ich das dann nicht auch? Vielleicht weil ich gerade hohe Investitionen plane oder noch nicht genügend Aufträge in den Büchern habe? Die Welt mag sich im Fluss befinden, aber alles kann auch in die Gegenrichtung fließen. Am besten bleibt man mit beiden Beinen auf dem Boden.

Immer schneller, immer höher soll die Kurve steigen. Und das auf der Grundlage Hoffnung. Und die kann trügerisch sein. Das System ist geradezu pervers. Hier gilt es anzusetzen: Früher wurde die Substanz stärker bewertet. Jahre vor der Einführung des Eigenkapitalregelwerks Basel I im Jahr 1988 hatten Banken üblicherweise noch Eigenkapitalquoten von mehr als 20 Prozent. Da sie aber zunehmend an Eigenkapital verloren, wurde Basel I installiert. Ein schillerndes Beispiel für den Schwund von Eigenkapitalkraft war der Zusammenbruch der Kölner Herstatt-Bank, die 1974 pleiteging, weil sie sich mit Devisen verspekuliert hatte.

2007 passte Basel II das Regelwerk stärker den tatsächlichen Risiken an. Jetzt soll Basel III das Finanzsystem insgesamt stabiler machen. Wenn Wirtschaftswissenschaftler wie die Professoren Anat Admati und Martin Hellwig heute eine Eigenkapitalquote von 25 bis 30 Prozent fordern, ist das unter den gegebenen Umständen schlicht unmöglich. Längerfristig jedoch sollten 20 Prozent möglich sein, glaubt auch Ewald Nowotny, Gouverneur der Oesterreichischen Nationalbank (OeNB).

Nach Basel I gab es also Basel II. Mit Basel II verkehrten sich einige Regeln und wirkten statt risikodämpfend in die Gegenrichtung. Um mehr Eigenkapital zu sammeln, haben Banken intransparente und risikobehaftete Geschäfte in Zweckgesellschaften, die sogenannten Special Purpose Vehicles (SPV), ausgelagert und sie somit aus der Bilanz verschwinden lassen. Das machten die Finanzinstitute auch, um die neuen Eigenkapitalregeln einzuhalten.

Diese Zweckgesellschaften wurden und werden vor allem für strukturierte Finanzprodukte eingesetzt und dienen dem Zweck, einen Zugriff auf Vermögenswerte der Investoren zu vermeiden. Strukturierte Finanzprodukte sind aus diversen Finanzprodukten zusammengesetzt, so zählt man dazu etwa Aktienanleihen oder Zertifikate. Das sind wiederum sogenannte Derivate, weil sie je nach dem Basiswert, in dem Fall einer bestimmten Aktie, mit am Erfolg partizipieren. Gleichzeitig sollen sie das Risiko einer Insolvenz des Investors aus dem Finanzprodukt fernhalten – gewissermaßen die Quadratur des Kreises schaffen.

Dass Basel III beim Eigenkapital mit noch strengeren Regeln ansetzt, wird nicht zu größerer Stabilität führen. Denn wieder werden

Banken Schlupflöcher suchen und finden. Sonst schaffen sie es nicht, die Regeln zu erfüllen. Hier steckt der Fehler im System, die Banken müssen wieder zur Substanz zurückkehren. Doch das muss man den Banken erst einmal ermöglichen. Und dazu bedarf es des Zusammenspiels mehrerer Akteure: der Banken, der Politiker, der Behörden, der Ratingagenturen.

„Banken müssen nicht zocken", davon ist Willibald Cernko, Generaldirektor der Bank Austria, überzeugt. Eine Eigenkapitalrendite von 25 Prozent sei für konservative Universalbanken immer schon eine Illusion gewesen. Der damalige Chef der Deutschen Bank, Josef Ackermann, hatte im Jahr 2005 dieses stolze Ziel vorgegeben. Cernko hält dagegen, Banken müssten als Kundenbanken bloß tun, was die Kunden in Auftrag geben. In puncto Rendite seien eben enge Grenzen gesetzt. Sprich: Es lebe das Brot-und-Butter-Geschäft, das weniger Rendite und mehr Sicherheit bedeutet.

„Banken müssen scheitern können", ist ein weiteres Credo Cernkos. „Wenn die Investoren wissen, dass Banken pleitegehen können, werden sie die Institute automatisch anders bewerten, und sie wissen, dass sie als Gläubiger geradestehen müssen."

Aus der Möglichkeit des Scheiterns leitet der Banker auch die automatische und einfache Rückkehr auf das Kerngeschäft mit Brot und Butter – also Kredite vergeben und Einlagen hereinnehmen – und überschaubaren Renditen ab.

Auch Nowotny ist überzeugt davon, dass Banken nicht zu zocken brauchen.

„Das ist nur das Geschäftsmodell bei absurd hohen Eigenkapitalrenditen, Stichwort Ackermann." Nowotny tritt für eine Trennung des „seriösen" Bankgeschäfts, mit deutlich weniger Ertrag, von den Zockerbanken ein, die volles Risiko fahren. Investoren wüssten im Fall dieser Trennung genau, ob ihr Investment mehr Ertrag und mehr Risiko oder weniger Ertrag und dafür weniger Risiko mit sich bringt.

Grundsätzlich muss man sich die Frage stellen, warum es Banken gibt.

Ohne sie wäre der normale Wirtschaftskreislauf nicht nur empfindlich gestört, er würde zum Erliegen kommen. Nicht zuletzt deshalb haben sich die Regierungen weltweit immer wieder dazu entschlossen, in Schieflage geratene Banken zu retten. Das hat die Steuerzahler viel gekostet und wird sie im Fall der jüngsten großen, keineswegs schon überwundenen Finanzkrise noch sehr viel Geld kosten. Trotzdem: Die Banken abzuschaffen wäre keine Lösung des Problems. Im Gegenteil. Unser Wirtschaftssystem würde zusammenbrechen. Denn Banken sorgen für den Blutkreislauf der Wirtschaft.

Ohne Geld geht gar nichts. Und in die Zeiten des Tauschhandels können und wollen wir wohl alle nicht zurückkehren.

Was ist eigentlich das Geschäftsmodell einer Bank? Die Bank sorgt für den regelmäßigen Kreislauf des Geldes im Wirtschaftsverkehr. Die Bank vergibt Kredite und verleiht Geld, die Bank investiert und veranlagt das ihr zur Verfügung gestellte Geld, um dieses wenn möglich zu vermehren.

In Europa waren und sind die meisten Großbanken gemischte Gebilde, sogenannte Universalbanken. In den USA und Großbritannien hat es mehrere reine Investmentbanken gegeben. Deren bekannteste Vertreterin sollte mit ihrem Untergang Lehman Brothers werden.

Zum Geschäft einer Universalbank gehören also Kredit-, Kunden- und Servicegeschäfte, daneben die Eigengeschäfte, auch unter dem Begriff Eigenhandel bekannt.

In Europa betreiben die klassischen Kundenbanken zu 50 bis 80 Prozent klassisches Kundengeschäft, der Rest ist Eigenhandel.

Bevor Sie einen voreiligen Schluss ziehen: Weder sind Investmentbanken per se „böse", noch sind Kundenbanken per se „gut". Auch das Kundengeschäft kann „schlecht" sein. Stellen Sie sich vor: Die Bank vergibt einen Kredit und dieser wird nicht zurückgezahlt. Das ist für die Bank mindestens so schlimm wie ein falsches Investment im Eigenhandel. Verlorenes Geld ist verlorenes Geld, egal wo es unwiederbringlich verschwindet. Und die Erfahrung lehrt hinreichend: Jedes Geschäft kann sich schlecht entwickeln, das Risiko lauert überall.

Was bringt das Fass zum Überlaufen? Gerhard Fabisch, Generaldirektor der Steiermärkischen Sparkasse und als Präsident in der Sparkassengruppe für die Umsetzung der Bankenunion zuständig, beschreibt die Entwicklung der Krise so: „Jedes Geschäft hat das Potenzial, gut oder schlecht zu sein. Richtig ist aber auch, dass in guten Zeiten die Neigung, Risiko zu unterschätzen, groß ist. Aber: Wer Investmentbanking als Geschäftsmodell betreibt, soll das transparent machen und für das höhere Risiko auch mehr Eigenkapital halten müssen. Ab einem Anteil von 50 Prozent Investmentbankinggeschäft in einer Bankbilanz bin ich für eine Trennbankenlösung, also Trennung der Bank in eine Investmentbankingbank und eine Kundengeschäftsbank."

Mitte der 1990er-Jahre bis 2005 gab es eine lang anhaltende gute Phase und es wurde extrem viel verdient. Das hat im Veranlagungsrausch Tür und Tor für folgenschwere Irrtümer geöffnet (mehr dazu im nächsten Kapitel). Egal ob Landesbanken oder Kommunalfinanzierer: Jeder wollte beim großen Rausch dabei sein. Was macht nun eine gute Bank auch in Zeiten der wildesten Goldgräberstimmung aus?

„Ein gutes Bankgeschäft ist eines, das Wert schafft. Ein schlechtes ist eines, das keinen Wert schafft und bei dem man erklären muss, was die Menschen davon haben", sagt der langjährige Top-Banker.

Wie ist es um Banken in Europa bestellt? Das Zentrum für europäische Wirtschaftsforschung (ZEW) hat 2012 in einer Studie aufgezeigt, wie sehr sich Genossenschaftsbanken und Sparkassen von klassischen Geschäftsbanken unterscheiden. Das Resultat: Landesbanken und Geschäftsbanken waren von der Krise deutlich mehr getroffen als Genossenschaftsbanken und Sparkassen. Und es war weit unwahrscheinlicher, dass eine Genossenschaftsbank Insolvenz oder staatliche Hilfe beantragen musste als eine Geschäftsbank.

Worin unterscheiden sich diese Bankarten? Die Aufteilung auf drei Säulen gilt für alle europäischen Länder, wenngleich nationale Besonderheiten zu berücksichtigen sind. In Deutschland wird zwischen privaten, öffentlich-rechtlichen und genossenschaftlichen Banken unterschieden. Geschäftsbanken sind privat und zahlen Gewinne an ihre Eigentümer aus. Genossenschaftsbanken befinden sich im Eigentum ihrer Mitglieder. Diese haften in beschränkter Form für die Bank und bekommen Gewinne in Form einer Dividende ausgezahlt. Die Mitglieder werden wirtschaftlich gefördert bzw. das Augenmerk liegt darauf, ihnen zu helfen. Träger der öffentlich-rechtlichen Sparkassen sind kommunale Gebietskörperschaften wie Städte, Gemeinden oder Landkreise. Die Haftung der Träger ist in diesem Fall gesetzlich ausgeschlossen. Sparkassen in Deutschland sind am Gemeinwohl orientiert und beschränken ihr Geschäft auf das des Trägers. Das nennt man das Regionalprinzip. Für alle Kreditinstitute besteht die Option, ihr Eigenkapital durch Gewinnthesaurierung (interne Eigenfinanzierung) auszuweiten, schreibt das ZEW weiter.

In anderen Teilen Europas stehen die Sparkassen anders da. Die österreichischen Sparkassen wurden vorwiegend in teils privat gehaltene Aktiengesellschaften umgewandelt, sie haben nur noch einen freiwilligen gemeinnützigen Gründungsauftrag und unterliegen keinem festen Regionalprinzip. Italienische Sparkassen sind weitestgehend privatisiert und Geschäftsbanken gleichgesetzt. Ähnliche Sparkassenformen wie in Deutschland finden sich in Spanien und Schweden.

Trotz der aufgezeigten Unterschiede zeigt die Studie des ZEW, dass die Gemeinsamkeiten überwiegen, wenn es um die Drei-Säulen-Aufteilung geht. Das Institut hat die durchschnittlichen Bilanzsummen und das Eigenkapital der Banken vor der Krise und danach analysiert. Ergebnis: Geschäftsbanken wuchsen im Vorkrisenzeitraum stärker als Sparkassen und Genossenschaftsbanken. Gleichzeitig brachen Geschäftsbanken im Verlauf der Krise deutlich stärker ein als Sparkassen. Genossenschaftsbanken wiesen laut Studie keinen merklichen Rückgang der Bilanzsumme und des Eigenkapitals auf.

Was die Gesamtkapitalrentabilität angeht, waren Geschäftsbanken im EU-Schnitt bis 2007 deutlich rentabler als Genossenschaftsbanken und Sparkassen, allerdings ist die Rentabilität aller Banken zwischen 2006 und 2008 laut Studie erheblich gesunken. Die Krise traf also alle Institute. Die Gesamtkapitalrentabilität von Geschäftsbanken sank jedoch in einem stärkeren Maße, sodass sie 2008 nur noch leicht über jenen von Genossenschaftsbanken lag.

Andererseits zeigt das ZEW die Schwäche der Geschäftsbanken auf: Die Rentabilität war bei ihnen viel unbeständiger. Insgesamt schätzt das Institut Sparkassen und Genossenschaftsbanken deutlich stabiler ein als Geschäftsbanken. Es gibt noch einige Erklärungen aus der Studie, die auf die Bankarten hinweisen. Geschäftsbanken haben weit weniger Kundeneinlagen und Kredite als Sparkassen und Genossenschaftsbanken, was an den Bilanzen abzulesen ist.

Geschäftsbanken erzielen Gewinne über Provisionserträge und weniger aus Zinsgeschäften. Sparkassen und Genossenschaftsbanken sind und waren dagegen vorwiegend im Retailgeschäft (Privatkundengeschäft) tätig, also im klassischen Kundengeschäft mit den kleinen Sparern und Unternehmen. Geschäftsbanken bauten vorwiegend auf Großkunden-, Interbankengeschäft und Investment Banking. Geschäftsbanken hatten also mehr Zug zum riskanteren Investmentgeschäft als die häufig vor allem regional orientierten Institute.

Ein weiterer interessanter Schluss der Studie, aus dem man einige Lehren für die Zukunft ziehen kann: Bei dem großen Gewicht von Sparkassen und Genossenschaftsbanken im EU-Bankensektor (und besonders in Deutschland) mögen diese Banken zur Stabilisierung des Finanzsystems beigetragen haben.

Das ureigene Geschäft einer klassischen Investmentbank ist es, Finanzkontrakte zu handeln und ihre Kunden darin zu beraten. Die Bank berät und begleitet die Kunden bei Börsengängen, unterstützt sie, Eigenkapital oder Fremdkapital zu bekommen. Das kann über Börsengänge erfolgen, aber auch über die Suche nach Kapitalgebern. Außerdem bieten Investmentbanken institutionellen Kunden wie etwa Pensionskassen oder Versicherungen an, ihr Vermögen zu verwalten bzw. zu veranlagen. Das heißt: Die Pensionskasse X vergibt der Investmentbank Y den Auftrag, ein Vermögen von 1 Milliarde Euro gewinnbringend anzulegen. Dafür bekommen die Banken natürlich Provisionen. Außerdem verdienen sie am Wertpapierhandel. Zinserträge bekommen sie bei der kurzfristigen Refinanzierung von langfristigen Krediten.

In den USA brachen in den 1920er-Jahren Hunderte Banken zusammen. Mit ein Grund für den Glass-Steagall Act von 1933, der das Trennbankensystem in den USA einführte. Es gab von da an Commercial Banks für den Kredit- und Einlagenbereich und Investment Banks zur Abwicklung von Wertpapiergeschäften. So sollten Spekulationen verhindert und die Stabilität des Bankwesens gestärkt werden.

Das alte Trennbankensystem wurde allerdings den Erfordernissen einer Zeit globalisierter Finanzmärkte nicht mehr gerecht, da man Produkte nicht strikt einteilen kann. Außerdem schien es im Sinne der Diversifizierung von Risiko besser zu sein, Geschäftsbanken auch Wertpapiere handeln zu lassen. Daher haben die Amerikaner 1999 die strikte Trennung aufgehoben und die Kooperation zwischen den Banken erleichtert.

Seither haben sich verschiedene Typen von Investmentbanken gebildet: die klassische Full-Service-Investmentbank, die sämtliche Dienstleistungen anbietet, wenn es um Transaktionen auf den Kapitalmärkten geht. Dazu gehören Goldman Sachs und Morgan Stanley. Daneben gibt es Financial Holding Companies, die unterschiedliche Arten von Wertpapiergeschäften der Investmentbanken mit Kredit- und Einlagegeschäften verbinden. Zu diesen gehören Bank of America, Deutsche Bank, HSBC, JPMorgan und UBS. Als Drittes gibt es auf bestimmte Investmentgeschäfte spezialisierte Boutique-Investmentbanken wie Lazard, die Vermögensverwaltung und Mergers and Akquisitions-Beratung bei Fusionen und Übernahmen anbieten. Die Full Service-Investmentbanken wurden von der Krise am härtesten getroffen.

„Wir brauchen Banken als Intermediäre, die Geld sammeln, Risiken und Fristen transparent übernehmen und langfristig Geld ausleihen", sagt Claus Raidl, lange Jahre Vorstandsvorsitzender des Edel- und Werkzeugstahl-Herstellers Böhler-Uddeholm und nunmehr Präsident der Oesterreichischen Nationalbank.

Raidl kennt beide Seiten. „Wir werden das klassische Bankgeschäft immer brauchen, auch als Kapitalmarktfinanzierung, und die Wirtschaft braucht Geld in Form von Eigenkapital."

Der ehemalige Topmanager liefert auch eine Antwort auf die Frage, warum man Banken nicht einfach in Konkurs schicken konnte wie andere Unternehmen – was übrigens in den USA aufgrund der rechtlichen Lage durchaus möglich war.

„Es ist ein Riesenunterschied, ob eine Bank oder eine Krawattenfirma oder ein Schneider in Konkurs geht. Im Fall der Bank gibt es die Gefahr der Destabilisierung des gesamten Systems."

Doch zeigt auch Raidl den damit einhergehenden Negativmechanismus auf.

„Natürlich wissen auch die Bankdirektoren, dass sie nicht so leicht in Konkurs gehen können wie etwa ein Stahlhändler. Das ist besonders riskant und bewirkt den sogenannten Moral Hazard."

De facto wissen die Banker nämlich ganz genau: Im schlechtesten Fall zahlt der Staat, sprich Steuerzahler. Das bestärkt sie natürlich in ihrem Hang zum Risiko.

Illusionen wie das Geschäft mit unsicheren Papieren wie ABS (Asset Backed Securities), also verbriefte Zahlungsansprüche in Form von Wertpapieren, müssen dem gesunden Risikobewusstsein weichen. Handeln ohne Grundgeschäft sollte in Zukunft nicht mehr möglich sein.

Klar ist aber auch: Ohne Börse kann keine Bank überleben, muss sie auch nicht. Denn für die Realwirtschaft sind Absicherungsinstrumente überlebensnotwendig. Was würde ein großer Getreidehändler in den USA machen, könnte er keine Terminkontrakte auf seine Ernte abschließen? Was Fluglinien wie Lufthansa,

Swissair oder Austrian Airlines, ohne Treibstoff zu hedgen, also abzusichern?

Eine Wirtschaft ohne Risiken gibt es nicht. Und für den Geldfluss sind nun einmal Banken zuständig. Es ist ihre vordergründige Aufgabe, Geld für Versprechen zur Verfügung zu stellen. Dass nicht jedes Investment gewinnbringend sein kann, gilt dabei für alle Bankarten.

Betrachtet man die künftige Ausrichtung der Banken, ging und geht es nicht um das einzelne Organisationsmodell, wie bereits in Kapitel 1 angerissen. Egal ob Landesbank (in Deutschland gleich mehrere wie die WestLB oder die SachsenLB), Mittelstandsfinanzierer (in Österreich die Kommunalkredit) oder die schwerpunktmäßige Investmentbank (in der Schweiz die UBS): Alle Institute gerieten nicht wegen ihres Organisations-, sondern vielmehr wegen ihres Geschäftsmodells in Schwierigkeiten.

Die Jahre vor dem Platzen der US-Immobilienblase waren auch die Jahre nach dem Platzen der New-Economy-Blase. Das schien aber keinen zu kümmern. Schließlich ließ es sich in den Augen vieler besser auf Immobilien setzen als auf Technologie, gemäß der landläufigen Meinung: Häuser brauchen Menschen immer. Das mag sehr banal klingen, aber eine Lehre aus der Dotcom-Blase haben die Banken nicht gezogen.

Und plötzlich standen da biedere deutsche Landesbanken oder österreichische Kommunalfinanzierer und bauten auf Zweckgesellschaften mit exotischen Niederlassungen und komplexen Papieren. Bis alles zu Bruch ging. Es war eine Zeit des unverbesserlichen Optimismus, man glaubte, Geld könne relativ einfach vermehrt werden. Und es ließ sich damit mehr Geld verdienen als mit dem herkömmlichen Tagesgeschäft. So setzten Anleger auf Unternehmen, die gerade ein paar Jahre zuvor mit einer guten Idee gestartet waren, deren Geschäftsmodell aber noch lange nicht fest etabliert war – und verloren nur zu oft das gesamte eingesetzte Geld. Die Gier trieb die Leute an, streute ihnen Sand in die Augen und machte sie blind für mögliche Konsequenzen.

Die Investmentbanken waren von der Krise auf den Kapitalmärkten am stärksten betroffen: In den USA verschwanden im Laufe der Krise die fünf größten. Lehman Brothers ging pleite, Merrill Lynch wurde von der Bank of America übernommen, Bear Stearns wurde an JPMorgan Chase verkauft, Goldman Sachs und Morgan Stanley gaben ihren rechtlichen Status als Investmentbank auf.

In Europa ergibt sich folgendes Bild: Je mehr Zugang eine Bank zu Privat- und Firmenkunden hatte, umso besser kam sie aus der Krise. Das betrifft die meisten Sparkassen und Genossenschaftsbanken. Aber wer versuchte, sein eigentlich renditeschwaches Geschäft mit märchenhaften Renditen in Übersee auszugleichen bzw. zu überhöhen, der blieb auf der Strecke. Egal, welche Struktur seine Bank hatte.

Europaweit gibt es viele Befürworter des sogenannten Trennbankensystems. Der finnische Notenbankchef Erkki Liikanen ließ im Herbst 2012 eine Arbeitsgruppe nach Hypothesen suchen, die für das System sprechen, und schlug vor, Großbanken aufzuspalten. Daraus versprach man sich weniger Systemrisiken. Letztlich wurde nicht einmal der Eigenhandel abgetrennt, wie es in den USA schon gesetzlich festgelegt ist.

Ende Januar 2014 legte EU-Binnenmarkt-Kommissar Michel Barnier einen Entwurf vor, der sich auf das Eigenhandelsverbot (Volcker Rule) konzentrierte.

„Anders als bei Liikanen gilt beim Barnier-Vorschlag de facto die Abtrennung der Handelsaktivitäten außerhalb des Eigenhandelsbereichs als Ultima Ratio. Nunmehr soll das Eingehen von offenen Positionen, das heißt der Handel auf eigene Rechnung (Proprietary Trading), den betroffenen Instituten verboten werden", schreibt das Monatsmagazin *Schweizer Bank* im März 2014.

Ebenso verboten ist das Investieren in Hedgefonds – mit einigen Ausnahmen. Der Eigenhandel mit Staatsanleihen bleibt laut Barnier-Vorschlag hingegen erlaubt.

„Nicht ganz nachvollziehbar ist, dass zwar der Eigenhandel, wenn er in keinem Zusammenhang mit Kundenaufträgen steht, untersagt ist, aber wenn er dem eigenen Risikomanagement dient, gibt es allerlei Schlupflöcher", kritisiert *Schweizer Bank*.

„Wer nun welche Handelsaktivitäten abtrennt, entscheidet der einheitliche Aufsichtsmechanismus der Europäischen Zentralbank (EZB)", zitiert *Schweizer Bank* einen Gastbeitrag Jan P. Krahnens in der *FAZ*. Krahnen bewertet die Trennung laut Barniers Vorschlag als den letzten Ausweg für den Fall, dass die betreffende Bank nicht in der Lage ist, ein glaubwürdiges Risikomanagement vorzulegen, das finanzielle Krisen und systemische Risiken verhindert. Es brauche allerdings keine Abspaltung des Investmentbankings, wenn die Institute nachweisen können, dass solche Tätigkeiten die Systemstabilität nicht gefährden. Das bedeutet auch, dass die Aufsicht eine bedeutende Funktion übernimmt und einschätzen können muss, ab wann eine Bank systemgefährdende Risiken im Eigenhandel eingeht. Sollte es zu große Risiken geben, könne der Eigenhandel abgetrennt werden, so Krahnen.

Doch auch der Barnier-Vorschlag ist noch keineswegs realisiert. Es bleibt abzuwarten, wie viel davon jemals umgesetzt werden wird. Fix ist: Vorerst wird es in Europa kein Trennbankensystem geben.

Das Trennbankensystem in einfachen Worten: Die Geschäftsbereiche der Banken werden in solide und spekulative aufgeteilt. Also stünden brave „langweilige" Kundenbanken erklärten Zockerbanken gegenüber. Die Befürworter des Trennbankenmodells sagen: Gut so, und jeder Investor soll selbst beurteilen, wie risikoreich seine Anlage ist.

Der kleine Schönheitsfehler: Eine Bank, die nur das reine Brot-und-Butter-Geschäft anpeilt, kann langfristig nicht überleben. Am grünen Tisch vielleicht, in einem rein banktechnisch betrachteten Modell mag sie bestehen. Aber das gesamtwirtschaftliche System hat sich wie gesagt kaum geändert, seit die Krise ihren Anfang nahm. Das heißt auch: Investoren legen noch immer nach dem Kriterium der höchstmöglichen Rendite an. Und entscheiden sich für solche Unternehmen und Banken, die ihnen dies gewähren.

Die Banken stehen also nicht nur im Kundengeschäft, sondern auch am Kapitalmarkt im Wettbewerb. Besonders börsennotierte

Gesellschaften können auf eine halbwegs starke Rendite nicht verzichten und sich dem Wettbewerb nicht entziehen. Die Investoren würden sonst ihre Gelder zurückziehen, die betroffenen Banken hätten ein Problem, sich zu refinanzieren, und es wäre um ihre Existenz geschehen.

Michael Ikrath, Generalsekretär der österreichischen Sparkassengruppe, sieht keine großen Zukunftschancen für börsennotierte Banken mit dem reinen sogenannten „boring banking", das sich auf das klassische traditionelle Geschäftsmodell der Banken beschränkt.

„Eine börsennotierte Bank ist dem Wettbewerb um Kapital ausgesetzt. Setzt sie bloß auf das traditionelle Geschäft mit Spareinlagen, Fristentransfer, Kreditvergabe an Unternehmen und Private, wird sie aufgrund des niedrigen ‚Return on Equity' den Erwartungen der Investoren nicht gerecht werden."

Die Kernfunkion einer Bank sei die Generierung volkswirtschaftlichen Mehrwerts und die stabilisierende Funktion, die sie ausübt, aber eine solche Bank wird längerfristig „ihre Existenz nicht sichern können", ist der Banker überzeugt. Das heißt auch: Ein Investor ist mit einer Eigenkapitalrendite (Return on Equity, ROE) von zwei bis drei Prozent nicht zufrieden und die Bank gezwungen, ein höheres Risiko einzugehen.

„Das verschärft sich massiv in einer Niedrigzinslandschaft."

Und in einer solchen befinden wir uns. Es kann also keine Rede davon sein, dass die Banken auf einem sehr viel sichereren Weg unterwegs sind als vor sechs Jahren, schließlich müssen sie im Wettbewerb bestehen. Verzichten sie vollkommen auf höhere Risiken, bekommen sie am Kapitalmarkt Probleme, Geld einzusammeln für jene Kredite, die sie den Unternehmen gewähren.

Die neuen Eigenkapitalregeln von Basel III werden das harte Kernkapital anheben. Was gut gemeint ist, kann aber wieder schlecht getroffen sein. Ikrath glaubt nicht, dass diese neuen Regeln in die richtige Richtung gehen, denn: „Entweder ich verdiene so viel, dass ich Gewinn generiere, oder / und ich bin so attraktiv, dass die Investoren mir Geld geben. In beiden Fällen habe ich keine Chance, wenn ich mich nur im klassischen Bankgeschäft bewege."

Das heißt: Nach Basel I und II drängt auch Basel III die Banken indirekt zu mehr Risiko.

Wo ist die Lösung, wie kann das Finanzsystem stabilisiert werden? Ikrath würde bei den Produkten ansetzen.

„Ich brauche eine Trennung zwischen Einlagen- und Wertpapiergeschäft."

Ansonsten holt sich die Bank die Spargelder und vergibt keine Kredite in die Realwirtschaft, sondern investiert sie in Risikopapiere. Schließlich muss sie ihre Rendite irgendwo herbekommen.

Um das Finanzsystem insgesamt beurteilen zu können, kommt man nicht umhin, auch die Schattenbanken genauer zu betrachten. Nicht umsonst werden diverse Geldmarktfonds, Hedgefonds etc. so genannt. Sie werden sicher fortbestehen, da durch das niedrige Zinsniveau viel Geld im Umlauf ist, das angelegt werden will.

Es ist also kein Ende der Zockerei in Sicht. Denn die Teilnehmer an dem Spiel haben nach wie vor das eine Ziel im Auge: die bestmögliche Rendite zu erzielen. Und sie werden auch weiter gebraucht, um etwa Währungs- oder Marktrisiken abzusichern. Nur im Schatten darf man sie nicht mehr agieren lassen.

Der Drang des Menschen nach größtmöglicher Rendite bei zugleich minimalem Risiko ist nach wie vor präsent und im Prinzip systemimmanent. Erinnern Sie sich an die Werbekampagnen mit den Schlagwörtern „Geiz ist geil"? Diese Mentalität hat sich in uns regelrecht eingebrannt. Kein Mensch will mehr für irgendetwas zahlen. Haben Sie noch ein Zeitungsabonnement? Haben Sie noch ein Bankkonto bei einer Hausbank oder haben Sie schon alles ins Internet verlagert? Kostet weniger Zeit und weniger Geld, wenngleich die Internetnutzung viele Nachteile mit sich bringt, die sich erst später zeigen.

Sie fragen sich, was das mit den Zockerbanken zu tun hat? Sehr viel sogar. Der Erfolg der Schattenbanken beruht nicht zuletzt auf dem Verhalten unzähliger Menschen, Stichwort Herdentrieb. Oft steigen die meisten Anleger erst dann in Fonds ein, wenn diese den Höchststand schon erreicht haben, dasselbe gilt für Gold, Rohstoffe, wie immer die schönen Investment-Trends heißen. Die Leute kaufen trotzdem, weil sie daran glauben, dass ein solches Investment immer weiter steigen wird. Und diesem Missverständnis folgt die Herde, darunter sind nicht etwa bloß kleine Anleger, sondern auch große Investoren, bis hin zu den Hedgefonds, also den Schattenbanken selbst.

Sie glauben, man könne Entwicklung anhand der Vergangenheit vorhersagen? Das hat Ihnen Ihr Bankberater gesagt? Glauben Sie es nicht. Zum Teil sind Gegebenheiten berechenbar, zum Teil aber können sich Rahmenbedingungen ändern, und schon wird aus einem ziemlich sicheren Gewinn ein Verlust, im schlimmsten Fall ein Totalverlust.

Ein paar Details zu den Schattenbanken. Schattenbanken betreiben bankähnliche Geschäfte, ganz ohne Banklizenz. Zu diesen Geschäften gehören Geldmarktfonds, Hedgefonds, aber auch die Zweckgesellschaften – häufig Tochtergesellschaften der Banken, die komplexe Veranlagungen bestreiten. Der größte Unterschied zwischen herkömmlichen Banken und Schattenbanken liegt in der Umkehrung der üblichen Investitionswege: Während eine Bank Ersparnisse zu langfristigen Investitionen modifiziert, verwandelt eine Schattenbank langfristige Kredite in kurzfristige Geldmarktinstrumente.

Geldmarktfonds sind Fonds, die überwiegend in Geldmarktpapiere und liquide Wertpapiere mit kurzer Restlaufzeit investieren. Dazu gehören Schuldverschreibungen genauso wie Anleihen mit einer Laufzeit von unter 12 Monaten. Die Geldmarktfonds lassen sich oft von den Trends mitreißen und können einen sogenannten Bank Run auslösen. Das bedeutet bei einer normalen Bank: Die Sparer heben reflexartig und in Massen ihr Geld ab, weil sie fürchten, die Bank geht pleite. Bei dem Schattengebilde wird ebenso Geld entzogen – mit großen Auswirkungen auch auf die normalen Banken, die wiederum eng mit den Schattenbanken verbunden sind.

Man kann das Verhältnis zwischen Schattenbanken und herkömmlichen Banken auch mit dem der Realwirtschaft und der Schattenwirtschaft vergleichen. Es gibt die offizielle Schiene der Banken: Man kann Geld entleihen und anlegen. Die Gesellschaften dahinter, z. B. Hedgefonds, haben dagegen keine Banklizenz und unterliegen wenigen Regeln. Was sie allerdings grundlegend von der Schattenwirtschaft unterscheidet: Sie sind legale Gebilde. Und: Sie sichern auch Risiken ab.

Die Absicherung der Risiken kann sich aber leider in bestimmten Fällen ins Risiko verkehren. Sichere ich beispielsweise meine Getreidegeschäfte dank Terminkontrakten ab, versichere ich mich gegen Ernteausfälle. Um einen Terminkontrakt abzuschließen, treffen sich Verkäufer und Käufer, der Erste verpflichtet sich, die Ware zu einem bestimmten Termin zu liefern, und der Zweite, sie ihm abzunehmen, sprich zu kaufen.

Aus dem sicheren Geschäft entsteht blitzschnell ein unsicheres, wenn ein Akteur im Geldkreislauf wegfällt. Wird der Broker, der die Kontrakte vermittelt, zahlungsunfähig, habe ich ein Problem. Am besten baue ich meine Positionen ganz schnell ab und nehme auch kurzfristige Verluste in Kauf, um einen eventuellen Totalverlust zu verhindern. Das Beispiel entspricht leider der Realität. Am 1. 11. 2011 vermeldet die Nachrichtenagentur *Reuters* die Pleite des US-Brokerhauses MF Global. Das verunsicherte vor allem die Rohstoffmärkte.

„Der Handel mit Termingeschäften bei Gold, Rohöl und Getreide kühlte deutlich ab. Für Aufregung sorgte auch die Nachricht, das Brokerhaus vermisse Kundengelder in beträchtlicher Höhe."

Der Broker war unter der Führung des früheren Goldman-Sachs-Chefs Jon Corzine in immer riskantere Handelsgeschäfte eingestiegen, hatte also mit den Kundengeldern Eigenhandel betrieben, sprich mit dem Geld der Kunden – viele große Getreidehandelsfirmen weltweit – gezockt. Zuletzt hatte der Broker verstärkt auf Schuldpapiere aus Italien, Portugal und Spanien gesetzt. Aber das Spiel war bereits verloren.

Dass MF Global 2011 in vielen Berichten als erstes Opfer der Euro-Schuldenkrise bezeichnet wurde, entbehrt nicht einer gewissen Kurzsichtigkeit. Auf Staatsanleihen von europäischen Schuldenländern zu setzen ist im Vergleich zu verzockten Kundengeldern eine sichere Bank.

Der aktuelle Drang nach Rendite wird von dem niedrigen Zinsniveau befeuert. Die derzeit geringen Margen und die niedrigen Zinsen werden sich nicht so schnell ändern, glaubt Ikrath. Und die „schicksalhafte Verflechtung" zwischen Banken und Staatsverschuldung wird statt geringer intensiver: So investieren Banken das billige Geld der EZB in Staatsanleihen in Südeuropa mit hohen Renditen, weil Staatsanleihen de facto immer noch von der EZB garantiert werden.

Staatsanleihen haben also weiterhin die Stellung mündelsicherer Papiere. Das ist gut für die Unterstützung finanzschwacher Staaten, es ist aber schlecht für den schnelleren Abbau hoher Schulden. In dieser Situation sind auch die Zinsen auf Sparbücher sehr gering. Das bedeutet wiederum, dass viele kleine Privatanleger wieder bereit sind, Risiken einzugehen. Schließlich garantiert die EZB in jedem Fall die Staatsanleihen. Das Argument: Das ist für den Erhalt des Euro und die Absicherung der Währung unumgänglich. Ikrath mahnt: „Damit werden alle Intentionen der Entflechtung von Banken und Staatsverschuldung konterkariert."

Eine wichtige Instanz, künftige Blasen möglichst früh zu erkennen und ihnen durch diverse Maßnahmen Luft zu entziehen und sie damit zu entschärfen, ist die sogenannte makroprudentielle Aufsicht, die nationale Notenbanken derzeit einsetzen. Ihr wichtigstes Ziel: Krisen und die Bildung von möglichen Blasen frühestmöglich zu erkennen. Das bedeutet: Behörden können früher eingreifen und mögliche Krisenherde bekämpfen. Ein beschleunigtes Eingreifen bedeutet auch, weniger öffentliche Gelder in die Hand nehmen zu müssen.

Ein gutes Beispiel raschen aufsichtsrechtlichen Vorgehens ist das der portugiesischen Behörde im Juli 2014: Die portugiesische Banco Espírito Santo machte ihrem Namen keine Ehre und geriet mit unheiligen Geschäften ins Wanken. Binnen weniger Tage war das Management ausgetauscht und die Rückführung der Bank auf adäquate Wege eingeleitet.

Die wahre Kunst besteht also darin, frühzeitig Fehlentwicklungen zu erkennen, rasch einzugreifen und möglicherweise auf eine kurzfristige Rendite zu verzichten. Es ist nicht damit getan, eine Bankenunion zu etablieren, ihre Durchsetzungskraft muss sich erst weisen, wenn sich nationale Befindlichkeiten nicht zu stark durchsetzen. Das heißt: Die einzelnen Staaten werden weiter versuchen, ihre eigenen Banken zu retten, wenn sie in Bedrängnis geraten. An dieser Stelle muss die Bankenunion ansetzen und Institute ohne politische Rücksichtnahme in Insolvenz schicken oder zerschlagen.

Zurück zum Instrument der makroprudentiellen Aufsicht. Österreichs Notenbankchef Ewald Nowotny sieht darin ein probates Mittel zur Bekämpfung von Blasen.

„Man konzentriert sich auf bestimmte Bereiche, etwa den Immobilienmarkt. Die Schweizerische Nationalbank hat beispielsweise Immobilienkredite verteuert. Auch die Niederlande und Großbritannien haben das Mittel regional differenziert eingesetzt."

Das bedeutet: Blasenbildung lässt sich vermeiden, ohne dass die Zinssätze in der gesamten Eurozone erhöht werden. Angesichts der unterschiedlichen Entwicklungen der Mitgliedsländer ist das von enormem Vorteil. Andererseits räumt auch Nowotny ein: Die Auswirkungen einer solchen gezielten Maßnahme seien rascher, die „Wirkung" der Notenbank werde erhöht und gleichzeitig auch die politische Involvierung gesteigert.

Bis zur Krise 2008 setzte das System vor allem auf die sogenannte mikroprudentielle Analyse, die Finanzinstitute auf Herz und Nieren durchcheckte. Jetzt ist auch das generelle Umfeld mit den gesamtwirtschaftlichen Rahmenbedingungen im Fokus. Als sich die Hypothekarkredite in der Schweiz empfindlich verteuerten und dieser Trend anhielt, drückte die Schweizer Notenbank auf die Notbremse und ergriff makroprudentielle Maßnahmen. Sie erhöhte die Kosten für Immobilienkredite um 100 Basispunkte (entspricht 0,01 Prozent), und als sich immer noch zu wenig am Markt bewegte, gab es ein weiteres Anschrauben um 100 Basispunkte.

Stefan W. Schmitz, Experte der makroprudentiellen Aufsicht in der OeNB, erklärt den Ablauf: Preise werden beobachtet und es wird überprüft: Sind die Preise zu hoch? Immobilienpreise steigen mit dem nominellen Wachstum über die Jahre. Aber Trends können auch die Lage verzerren. Dazu zählen demografische ebenso wie volkswirtschaftliche Rahmenbedingungen. Die makroprudentielle Aufsicht stellt Abweichungen fest und hinterfragt die Bedingungen. Sind die erhöhten Preise konjunkturgetrieben und pendeln sie sich mittelfristig wieder ein oder ist die Preiserhöhung mittlerweile eine Frage der Stabilität des Gesamtsystems?

Kaufen sich etwa viele Russen im ersten Wiener Gemeindebezirk, also in der teuersten Gegend in Wien, ein und zahlen großteils cash, ist die Erhöhung der Preise für die Banken und das Gesamtsystem kein Problem – lassen wir jetzt mal gesellschaftspolitische Fragen aus dem Blick –, weil die Gesamtstabilität nicht gefährdet ist. Würden dagegen finanzschwache Russen kaufen und Kredite von den Banken nehmen, die sie kaum bedienen könnten, dann könnte sich das Ganze zu einem Stabilitätsproblem ausweiten.

Ist ein zu stark erhöhter Preis mit gleichzeitiger Gefährdung der Gesamtstabilität gegeben, warnt die Aufsicht vor dem Risiko einer Blase. Als Nächstes versucht die Aufsicht, Maßnahmen gegen die Blasenbildung zu finden. Es bleibt das Hauptziel, die Risikotragfähigkeit der Banken zu stärken.

Diese makroprudentielle Aufsicht wird auch für Politiker ein wichtiges Instrument werden, um Kosten und Analysen des gesamten Bankensystems besser einschätzen zu können. Es zeigt aber auch eine neue Interpretation der Aufsicht im gesamteuropäischen Kontext: Die makroprudentielle Analyse wird in den Euro-Staaten sukzessive umgesetzt. Das ist sicher ein wichtiger Schritt zu einer breiteren Reflexion der Finanzwirtschaft, die auf das Gesamtbild der Wirtschaft positive Auswirkungen zeigen kann. Dann wird es mehr Sieger und weniger Verlierer geben.

III.

WIE EINE
BLASE
ENTSTEHEN
KANN

Jedes Kind kennt die Natur von Seifenblasen: Man muss sie behutsam durch den Trichter blasen, damit sie nicht zu schnell zerplatzen. Auch in der Wirtschaft hat es immer wieder Blasen gegeben. Diese nennen wir Spekulationsblasen. Die erste in der Wirtschaftsgeschichte dokumentierte und zugleich bekannteste war die Tulpenblase in den Niederlanden. Generationen von Lehrern und Schülern ziehen sie heran, um Sinn und Zweck von Spekulation und Börse zu beschreiben.

Wie kam es zur Tulpenblase? Die Tulpen wurden Ende des 16. Jahrhunderts in den Niederlanden eingeführt und entwickelten sich bald zum Liebhaberobjekt. Die Preise kletterten in ungeahnte Höhen, bis sie 1637 abrupt einbrachen. Die erste Spekulationsblase war geplatzt.

Die sogenannte Dotcom-Blase Anfang 2000 fällt in dieselbe Kategorie. Unternehmen im Internetbereich schossen wie Pilze aus dem Boden. Es schien kein Morgen zu geben, und die Bilanzen waren aufgebläht mit imaginären Werten, die sich bei vielen Unternehmen letztlich als Schall und Rauch erwiesen. Und zum Platzen der Internetblase führten.

Auch die Finanzkrise infolge der Lehman-Pleite lässt sich auf eine Spekulationsblase zurückführen: In den USA entwickelte sich ab den 1990er-Jahren eine Blase im Immobilienmarkt. 70 Jahre lang war der Kreditmarkt in den USA relativ verschlafen und die Banken vergaben Kredite mit der gebührenden Vorsicht traditioneller Bankkaufleute. Kredite wurden praktisch nur vergeben, wenn der Kredit höchstens 80 Prozent des Wertes der Sicherheit erreichte. Dann aber lockerte der Staat die Gesetze, um mehr Bürgern Kredite zu gewähren, auch solchen, die unter normalen Umständen kein Geld von einer Bank bekommen hätten. Die niedrigen Zinsen und die seit

Jahrzehnten stetig steigenden Immobilienpreise veranlassten die Gesetzgeber zu dieser Lockerung. Die stolze Vorgabe der Politiker lautete: Jeder Amerikaner soll sich seinen Traum vom Eigenheim erfüllen dürfen.

Anfangs ging fast alles gut. Schaut man sich das Kartenhaus, das damals aufgebaut wurde, aber genauer an, ist bloß verwunderlich, dass es nicht schon früher in sich zusammengefallen ist.

Die lockeren Gesetze führten schnell zu einer Zweiklassengesellschaft bei den Krediten: Auf der einen Seite gab es die „guten" Kreditnehmer, die günstige Konditionen bekamen. Auf der anderen Seite die „schlechten" Kreditnehmer, für die es einen höheren Kreditaufschlag gab. Diese Kredite nannte man Subprime-Kredite. Ihre Quote im Gesamtmarkt stieg von 1991 bis 2004 von 1 auf 20 Prozent. Irgendwann bekamen auch die schlechteren Kreditnehmer anstandslos relativ günstige Kredite. Ein enges Zusammenspiel zwischen US-Politik und Notenbank erleichterte diese rasche Kreditvergabe. Die Notenbank unterstützte die Eigenheim-Fantasie der Politik und flutete den Markt mit scheinbar billigem Geld. Zugleich bauten die Unternehmen Ende der 1990er-Jahre immer mehr und die Preise kletterten in ungeahnte Höhen – von 2000 bis 2006 um 40 bis 60 Prozent. Die laschen Kreditbedingungen waren ein Grund für diesen Anstieg.

Es bekam also praktisch jeder seinen Kredit, ob er das nötige Kleingeld dafür hatte oder nicht. Wurde früher verlangt, Eigenkapital in der Höhe von 20 bis 30 Prozent für den Kauf eines Hauses zu haben, war dies plötzlich nicht mehr notwendig. Außerdem mussten die Kreditnehmer nur mit dem Grundstück, das sie kauften, nicht aber mit ihrem gesamten Vermögen haften.

Die Leute verschuldeten sich immer mehr. Schließlich fingen sie an zu pokern und Grundstücke zurückzugeben oder auch zu behalten und günstigere zuzukaufen. Der Kredit war ja da.

Der damalige US-Notenbankchef Alan Greenspan hielt den für die Refinanzierung geltenden Zinssatz für Banken über Jahre niedrig. Das brachte mehr Geld in Umlauf und ließ die Blase weiter anschwellen. Es war also besser, sein Geld in Immobilien zu investieren, als zu sparen. Die Baufirmen bauten weiter, aber allmählich wurden sie ihre Häuser nicht mehr los. Die Preise verfielen, die Zinsen stiegen – und damit der Katzenjammer.

Das war im Jahr 2007. Die Leute blieben auf ihren Häusern und ihren Schulden sitzen. Das anfangs scheinbar billige Geld erwies sich als Schimäre.

Was waren die Ursachen der Misere? Die Kreditwirtschaft hatte darauf „vergessen", die Kredite in angemessener Form mit Eigenkapital zu unterlegen.

Die Banken klammerten das Risiko aus der eigenen Bilanz aus, indem sie es in Zweckgesellschaften auslagerten. Das funktionierte folgendermaßen: Die Banken verkauften die Kreditforderungen an eigene Zweckgesellschaften, wie die Special Purpose Vehicles (SPV). Diese mussten die Kredite nicht mit Eigenkapital unterlegen, da sie keine Banken im eigentlichen Sinne waren und sind. Das sah das Gesetz nicht vor. Der unschöne Nebeneffekt: Die Kreditinstitute überprüften Kredite wenn überhaupt relativ lasch. Schließlich mussten sie sich nicht dafür verantwortlich fühlen, weil sie die Risiken nicht mehr in der eigenen Bilanz hatten.

Allerdings hafteten die Banken in vielen Fällen für die Spezialgesellschaften. Investoren prüften weniger, da sie durch den Rückgriff auf die Zweckgesellschaften die Kredite nicht mehr in den Büchern, sprich in den Bilanzen der Banken sahen. Das hieß für sie: Augen zu und durch. Am Ende herrschte gewissermaßen die Willkür, kaum mehr ein Banker wusste, was er genau verkaufte. Es brachte halt Rendite. Viel Rendite.

Plötzlich gab es Papiere auf den Kapitalmärkten, die intransparent, voller Risiko und zu allem Übel nicht ausreichend mit effektivem Kapital unterlegt waren. Aufgrund ihrer schädlichen Wirkung nannte man sie später auch toxische Papiere. Das Kartenhaus begann zu wackeln.

Zudem lockerte der Staat die Gesetze und animierte staatsnahe Hypothekenbanken wie Freddie Mac und Fannie Mae geradezu,

Kredite von zahlungsschwachen Kunden aufzukaufen. Damit nicht genug! Die Zweckgesellschaften gaben das Risiko ihrerseits weiter und steckten die Kreditforderungen und Hypotheken in neue Papiere, die Asset Backed Securities (ABS) oder im Fall der Hypotheken in Mortgage Backed Securities (MBS). Bewertet wurden ABS und MBS von den Ratingagenturen, verkauft von den Banken.

Die Ratingagenturen wiederum bekamen ihre Aufträge oftmals von den Banken und entwickelten schließlich sogar Leitfäden für die Banken, wie sie diverse Papiere zusammenstellen sollten, um das Gütesiegel eines guten Ratings zu bekommen. Da beißt sich die Katze schnell in den Schwanz.

Um sich abzusichern, wurden die Kreditpakete in sogenannte Credit Default Swaps (CDS) eingebracht. Diese stellen eine Art Kreditversicherung dar. Die Bank erklärt sich also bereit, gegen eine bestimmte Prämie für einen Ausfall einzustehen. Damit waren der Fantasie keine Grenzen mehr gesetzt, es entstand ein neues Finanzprodukt: die CDS wurden wiederum gebündelt und man fasste noch weit größere Forderungsausfälle, sogar von großen Unternehmen, zusammen und „versicherte" sie. Der Name dieser neu entstandenen Papiere: Collateralized Debt Obligations (CDO).

All das erhielt den Stempel der drei großen Ratingagenturen Fitch, Standard & Poor's (S&P) und Moody's. Diese Agenturen wurden ursprünglich in der Absicht geschaffen, Unternehmen auf Herz und Nieren zu prüfen und ihnen ein Gütesiegel zu verpassen, das Investoren sagt: Hier könnt ihr investieren.

Eine alte Börsenregel haben leider alle Beteiligten, egal ob Banken, Ratingagenturen, Investoren oder kleine Kreditnehmer, außer Acht gelassen: Eine hohe Rendite gibt es nur, wenn das Risiko entsprechend hoch ist, also ohne Risiko keine Rendite.

Damit schloss sich der Teufelskreis. Nur noch einmal zum Verständnis: Hier wurden Kredite verbrieft. Kreditverbriefungen sind strukturierte Produkte, die an sich in Ordnung sind. Zu dieser Zeit begann aber ein beispielloses Casinospiel: Bereits verbriefte Kredite wurden gleich mehrmals in diverse Produktkörbe gesteckt und erneut verbrieft. Am Ende wusste niemand mehr etwas über den Inhalt der Körbe zu sagen. Daher könnte man zu Recht von „Luftgeschäften" sprechen.

Zur Einschätzung, was die Finanzkrise die Weltwirtschaft in Zahlen gekostet hat, ein Zitat aus einer Analyse der Deutsche Bank Research, dem Analysearm der Deutschen Bank. Sie sagt zu den Verlusten durch das riskante Spiel im April 2009: „Gegenüber dem resultierenden BIP-Verlust von rund 4000 Milliarden Dollar erscheinen die globalen Konjunkturpakete, deren Wirkungen sich zudem über zwei bis drei Jahre verteilen, mit einem Gesamtvolumen von schätzungsweise gut 2000 Milliarden eher bescheiden. (…) Nach OECD-Schätzungen ist die Wirkung der fiskalischen Maßnahmen in den USA mit rund 16 Prozentpunkten des BIP (Anm.: Bruttoinlandsprodukt) jeweils 2009 und 2010 am höchsten, während sich die stimulierenden Effekte in Europa bei etwa sechs Prozentpunkten bewegen. So ist das Konjunkturpaket in den USA mit rund 56 Prozent des BIP das größte, was allerdings angesichts der geringeren automatischen Stabilisatoren auch notwendig ist."

Das erklärt, was die übereifrige Anwendung der toxischen Papiere als scheinbar sicheres Investment für die Volkswirtschaft insgesamt bedeutete. Die Staaten mussten Banken mit viel Geld retten, dementsprechend erhöhten sich die öffentlichen Schuldenberge. Infolge schwächelte das Wirtschaftswachstum, daher mussten die Staaten viel Geld für Konjunkturmaßnahmen in die Hand nehmen. Aus der ursprünglichen Finanzkrise wurde eine Wirtschaftskrise.

Die oben angeführten Zahlen verdeutlichen, dass kurzfristig sehr viel mehr für Banken ausgegeben wurde als für Bildung, Infrastruktur, Innovation – Bereiche, die eine Volkswirtschaft wachsen lassen. Davon konnte aber zu dem Zeitpunkt keine Rede sein. Und wir werden die Nachwehen noch lange spüren.

Grundsätzlich heißt das: Die Verantwortung wurde in dem Spiel wieder und wieder weitergereicht, bis schließlich keiner mehr wusste, wo er sein Geld genau investierte. Das Ergebnis: Aufgrund des ausgeklügelten Systems musste niemand Verantwortung übernehmen – außer den Steuerzahlern.

Die Wirtschaftskrise, die als die schwerste seit der Großen Depression 1929 in die Geschichte eingehen sollte, hatte sich schon einige Zeit zuvor angekündigt: Die Schweizer Großbank UBS musste am 3. 5. 2007 aufgrund hoher Verluste in Subprime-Krediten den Dillon Read Hedgefonds in New York schließen. Mitte Juni begann die Ratingagentur Moody's, mehr als 100 mittlerweile toxische Papiere abzustufen. Die beiden anderen Ratingagenturen Standard & Poor's und Fitch folgten auf dem Fuß. Dennoch machten sich andere Finanzinstitute, auch außerhalb der USA, wenig Sorgen.

Als die halbstaatlichen Gesellschaften Fannie Mae und Freddie Mac Anfang September 2008 verstaatlicht werden mussten, erreichte die Krise einen ersten Höhepunkt. Am 15. 9. 2008 folgte der Zusammenbruch von Lehman Brothers, der für die gesamte Finanz- und Wirtschaftswelt dramatische Folgen haben sollte.

Einerseits wollte der Staat signalisieren: „Liebe Banken, ihr werdet nicht per se gerettet", andererseits stürzte der Fall von Lehman die gesamte Bankenwelt in eine Depression, von der sie sich noch immer nicht erholt hat. Von einem Moment auf den anderen bekamen Banken kaum mehr Geld. Sie liehen sich auch gegenseitig nichts mehr, da sie einander misstrauten. Das ließ den Interbankenmarkt zu einem Schattendasein verkommen.

Die größte US-Versicherungsgesellschaft American International Group (AIG) wurde gerettet. Sie hatte sich mit Credit Default Swaps verspekuliert. In einem weiteren Schritt ließ sich das Finanzministerium den Ankauf toxischer Papiere bewilligen, und das erste große Feuer ward gelöscht.

Krisen entstanden immer wieder, weil scheinbar lokal begrenzte Blasen über sich hinauswuchsen. Lassen wir uns von Robert J. Shiller, Wirtschaftsnobelpreisträger 2013, erklären, was zum Platzen einer

Blase führt. In einem Interview mit dem *Spiegel* im Dezember 2013 – fünf Jahre nach Ausbruch der Krise – zieht er den Immobilienmarkt in Brasilien als ein Beispiel für das Platzen einer Blase heran. Auf einer Konferenz habe ein Teilnehmer brasilianische Immobilien als Investment hochgelobt.

„Brasilien erlebe derzeit eine Transformation, hieß es. Eine Mittelklasse entstehe, der Wirtschaft gehe es gut. Deshalb sei der Anstieg gerechtfertigt", schildert Shiller das Gespräch. „Ich sagte: Ihr habt vielleicht recht. Aber ich weiß auch, dass ich viele dieser Argumente schon einmal gehört habe, nämlich in den USA zu Anfang des vergangenen Jahrzehnts. So sehen Blasen aus. Und die Welt ist immer noch sehr anfällig für Blasen."

Ein paar Beispiele untermauern Shillers These. Wie wirkte sich das Platzen der US-Blase auf Deutschland aus? Gleich mehrere Institute investierten in toxische Papiere und gingen zu hohe Risiken ein. Diverse Landesbanken wurden nur über Garantien und Kapitaleinlagen – praktisch frisches Geld – der Eigentümer gerettet, darunter die Landesbank Baden-Württemberg, die WestLB, die HSH Nordbank und die Bayerische Landesbank (BayernLB). Die Hypo Real Estate und die Industriebank IKB konnten nur durch staatliche Unterstützung aufgefangen werden.

Sie alle einte ihr Besitz toxischer Papiere. Sie alle hatten mit der Globalisierung Ernst gemacht und sich in den komplexen Papieren engagiert. Sie haben die Globalisierung falsch verstanden und viel Geld verloren.

„In den USA und Europa mussten Banken während dieser Krise fast 1,2 Billionen US-Dollar abschreiben", schätzt Stephan Schüller vom Bankhaus Lampe in seinem Beitrag „Folgen der Finanzkrise – Paradigmenwechsel in der Finanzindustrie" anlässlich des Duisburger Bankensymposiums im Jahr 2009. Abschreiben heißt nichts anderes als den Wert, in diesem Fall für die toxischen Papiere, zu vermindern; de facto räumt man ein, dass man sich verspekuliert hat.

Marcus Lutter schreibt in seinem Aufsatz „Bankenkrise und Organhaftung in Finanzkrise und Wirtschaftsordnung": „Angenommen, die Banker waren informiert, so hätten sie sehenden Auges das rechtliche Risiko dieser Papiere, das Marktrisiko und das Klumpenrisiko auf die Bank genommen und das gleich in Höhe von 20 Milliarden Euro (IKB, WestLB und BayernLB) bzw. 30 Milliarden Euro (SachsenLB). Die Folgen kennen wir heute: Ohne die Hilfe von außen wäre jede dieser Banken heute wie Lehman Brothers in New York insolvent."

Die Banker haben gegen die Sorgfaltsregeln ihres Metiers verstoßen, ist Lutter überzeugt.

Die Industriebank IKB hat ein Drittel der Bilanzsumme in weitgehend unbekannte Papiere investiert, die SachsenLB eine Summe, die dreimal so hoch war wie der sächsische Landeshaushalt. Die Bundesanstalt für Finanzdienstleistungsaufsicht BaFin hatte hier keinen Zugriff, da die Papiere in ausländischen Zweckgesellschaften geparkt waren. Hohe Bürgschafts- und Garantierisiken verblieben aber in der „deutschen" Bilanz. Dazu hat die BaFin rätselhafterweise geschwiegen, wundert sich Lutter zu Recht.

Auch hier galt das Prinzip: Gewinne werden realisiert, Verluste sozialisiert. Ohne Einschreiten der Regierungen und Notenbanken wären viele Banken heute nicht mehr am Leben. Andererseits musste in der Tat rasch gehandelt werden. Zu stark sind die Auswirkungen einer Bank-Pleite auf die Realwirtschaft, sprich auf Unternehmen und private Bankkunden. Es gab weltweite Konjunkturprogramme vonseiten der Regierungen und billiges Geld im Überfluss vonseiten der Notenbanken. All das, um die Stabilität der Finanzwelt zu gewährleisten. Die einzelnen Staaten mögen die Aufarbeitung unterschiedlich angepackt haben: Ohne ihre Hilfe gäbe es heute nicht nur ein paar Banken, sondern auch ein paar Unternehmen und mehr als ein paar Jobs weniger.

Die deutsche Regierung hat sicher nicht alles richtig gemacht, aber zumindest rasch eingegriffen und, wie man im Nachhinein sehen wird, Geld für den Steuerzahler retten können – trotz der Hilfe für die Banken.

„Die Commerzbank kommt mit dem Abbau ihrer Altlasten voran", konstatiert das *Handelsblatt* im April 2014. Aber „nach wie vor binden die Restbestände etwa ein Drittel des Eigenkapitals und verursachten im Geschäftsjahr 2013 fast zwei Drittel der Risikovorsorgen für faule Kredite".

Was Finanzminister Wolfgang Schäuble freuen wird: Von 18,2 Milliarden Euro an Staatshilfen ist der Großteil bereits zurückgezahlt. Der Wermutstropfen dabei: Der Staat hält noch 17 Prozent an der Commerzbank, und deren Wert hat sich halbiert.

Während Deutschland der Industriebank, der Hypo Real Estate, der Commerzbank und der WestLB unter die Arme greifen musste, heißt es heute: Entwarnung. Auch die Abwicklung der Bad Banks von HRE und WestLB scheint zu greifen. Dort wurden die „schlechten" Geschäfte der Banken abgewickelt, ohne das gesunde Geschäft der restlichen Bank zu gefährden. Die Commerzbank wurde teilweise, die HRE ganz verstaatlicht.

Die Deutschen haben binnen weniger Tage ein Riesenhilfsprogramm mit einem Topf von 480 Milliarden Euro über den Sonderfonds Finanzmarktstabilisierung (Soffin) beschlossen und realisiert. Insgesamt kostete die Finanzkrise den Staat rund 50 Milliarden Euro. Zehn Milliarden flossen dabei für die IKB und 18 Milliarden Euro für die WestLB.

In Österreich ließ sich die Regierung zu viel Zeit bei der Abwicklung der Hypo Alpe Adria. Die Kärntner Bank war 2009 in Schieflage geraten. Die Umstände waren schwierig, die Brisanz des Themas von politischer Seite wohl unterschätzt. Das zeigt auch die Beteiligung der Bayerischen Landesbank an der Hypo. Wie es zum Kaufvertrag am 22. 3. 2007 kam, war gelinde gesagt abenteuerlich und offenbart die Mentalität von Bankern und Politikern in Zeiten der Goldgräberstimmung. Es schien kein Morgen zu geben, Hauptsache, es wurde investiert.

Gleichzeitig saßen die Politiker den Bankern im Nacken und wollten auch bei Investitionen mitreden. Der Fehler der Banker war es wiederum, dies zuzulassen. Schließlich ist ein Generaldirektor einer Bank all seinen Aktionären und dem Wohlergehen des Unternehmens verpflichtet.

Dieser Mangel an ethischem Verständnis hat Europa und der Welt mehr Schaden eingebracht als etwa die kurzfristige Zockerpartie eines Nick Leeson. Er hatte 1997 die Barings Bank, die älteste Investmentbank Großbritanniens, durch unautorisierte Spekulationsgeschäfte in den Abgrund gestürzt, indem er sich in Singapur großflächig verspekuliert hatte. Das war das Versagen eines einzelnen Mannes, in Bayern und Kärnten war es das Versagen eines ganzen Systems.

Das Magazin *Focus* schildert im Januar 2014 die Lage und gewissermaßen den Gemütszustand der Bayern rund um den Einstieg bei der Hypo. Eigentlich hatte die BayernLB einen anderen Plan. Sie bot um die österreichische Gewerkschaftsbank Bawag mit. Die Bayern wollten den Kauf der Bawag nutzen, um über Österreich nach Osteuropa zu expandieren. Aber die Bayern zogen gegen den US-Fonds Cerberus den Kürzeren. Am 14.12.2006 erfuhr der damalige bayrische Finanzminister Kurt Faltlhauser von der Niederlage im Bietermatch um die Bawag.

Er soll laut *Focus* den Generaldirektor der BayernLB Werner Schmidt angeherrscht haben: „Seid ihr zu blöd, eine Bank zu kaufen?"

Schmidts Ehrgeiz war geweckt und er wollte aller Welt zeigen, dass er das sehr wohl könne. Was lag näher, als mit der Hypo zu reden?

Schmidt hatte bereits den neuen Vorstandsvorsitzenden Tilo Berlin kennengelernt. Berlin hat damals die Stelle von Wolfgang Kulterer übernommen, der 2005 von der Finanzmarktaufsicht abgesetzt worden war. In Hannover geboren und in Wien aufgewachsen, versuchte der neue Hypo-Boss, Investoren für die Bank aufzustellen, und fand auch in österreichischen Industriellenkreisen Rückhalt. Trotz allem gelang es ihm nicht, die Bank 2006 an die Börse zu bringen. Laut *Focus* schätzten Gutachter damals den Wert der Bank auf 1,8 bis 2,5

Milliarden Euro. Das ist eine große Spanne. Diese Zahlen werden noch interessant werden, wenn wir die kurze Partnerschaft zwischen Bayern und Kärntnern analysieren.

Die WestLB soll damals nicht einmal für ein Investment von 20 Millionen Euro zu haben gewesen sein, zitiert das Magazin ihm vorliegende Dokumente.

„Der Wert der Hypo sei zu hoch angesetzt, zu viele faule Kredite schlummerten in Klagenfurt, dem Sitz der Bank."

Auch in der BayernLB sollen Sachbearbeiter eindringlich vor einem Investment in Kärnten gewarnt haben.

Ein Sachbearbeiter sagte, die Bank präsentiere sich „wie eine ausgequetschte Zitrone". Als Schmidt nach einem Treffen mit Tilo Berlin seinen Sachbearbeitern den Businessplan der Hypo vorlegte, sollen sich diese laut *Focus* noch besorgter gezeigt haben. Derselbe oben zitierte Sachbearbeiter war sich laut dem Magazin sogar sicher, dass die Hypo kurz vor der Insolvenz stand, und blieb dabei: „Für uns ist die Bank nicht interessant."

Die Sachbearbeiter erarbeiteten ein internes Zehn-Punkte-Programm, mit dem sie noch einmal ganz klar vor einem Investment warnten. Schmidt war das egal. Er erklärte den Deal zur Chefsache. Von einer Verantwortung will er später nichts wissen.

Jetzt ging es Schlag auf Schlag: Die Kärntner Hypo war plötzlich zwischen 3,2 und 3,3 Milliarden Euro wert – weit mehr als die zuvor genannten Gutachterzahlen, die höchstens bis 2,5 Milliarden Euro reichten. Diese wundersame Wertsteigerung bleibt ein Rätsel. Schmidt kümmerte der millionenschwere Unterschied offensichtlich nicht. Der Chef der bayrischen Bank war bereit, für die Hälfte der Hypo 1,6 Milliarden Euro hinzublättern. Der ausdrückliche Wunsch des damaligen Kärntner Landeshauptmanns Jörg Haider, seinen Fußballklub SK Austria Kärnten mit fünf Millionen Euro zu sponsern, wurde ebenfalls erfüllt. Dafür musste die BayernLB-Tochter DKB Bank geradestehen. Nach circa zwei Monaten Vorbereitungszeit informierte Schmidt am 20. 3. 2007 den Verwaltungsrat der Bank vom „Projekt Berthold".

Der Verwaltungsrat bestand aus bayrischen Ministern und diese wollten eine genaue Prüfung der Bilanz der Hypo, eine sogenannte Due Diligence.

„Das Ergebnis war katastrophal", schreibt *Focus*. Hohe Risiken seien von undurchsichtiger Eigenkapitallage begleitet gewesen. Die Prüfer legten die Probleme, sprich Risiken bei 250 Millionen Euro fest. Diese Zahl soll allerdings bei der nächsten Präsentation im Verwaltungsrat nicht genannt worden sein. Das brachten die Ermittler ans Tageslicht. All das macht verständlich, warum letztlich sieben Vorstände der BayernLB vor Gericht mussten.

Der nicht gänzlich informierte Verwaltungsrat gab also nach einer geschönten Präsentation grünes Licht für ein konkretes Kaufangebot. Am 22. 3. 2007 wurde der Deal besiegelt: Die BayernLB kaufte 50,22 Prozent der Hypo für 1,6 Milliarden Euro. Das war die größte Investition in der Firmengeschichte der Bayern. Trotzdem ließen die Verantwortlichen zu viele Komponenten außen vor, die ein guter Bankkaufmann selbstverständlich berücksichtigt hätte.

Betrachtet man solche Beispiele ökonomischer Unkultur, versteht man umso besser, warum in letzter Zeit immer wieder Verhaltensökonomen den Nobelpreis erhielten: Der *Homo oeconomicus* ist fürwahr tot. Und eines zeigt dieses Beispiel wie kein anderes: Auch Manager sind nur Menschen und begehen Fehler. Menschen, die sich nur mit Ja-Sagern umgeben wollen, sind zu schwach, um ein Unternehmen langfristig erfolgreich zu führen. Zu oft treffen solche Machtmenschen in Politik und Wirtschaft aufeinander und erzeugen eine explosive Mischung.

Das Kapitel Hypo ist für die BayernLB auch nach ihrem Ausstieg im Dezember 2009 nicht beendet. Das Investment war ein Desaster. Die Hypo expandierte unter den Bayern nach Bulgarien und in die Ukraine. Ohne Zuschüsse der Bayern wäre nichts mehr gelaufen, bis die Bayern sich schließlich zum Rückzug entschlossen und im Dezember 2009 die Bank für 1 Euro an die Republik Österreich verkauften.

Heute wird gestritten, wer zu welchem Zeitpunkt was gewusst hat und somit schuld am Desaster ist.

Einig sind sich die Experten darüber, dass die Hypo das teuerste Kapitel der österreichischen Wirtschaftsgeschichte ist.

Zu große Nähe zwischen Vorstand (Wolfgang Kulterer) und Aufsichtsrat (Jörg Haider) schadet jedem Unternehmen. Die Katastrophe ließ nicht lange auf sich warten: Viele Projekte wurden nicht eingehend genug geprüft, zu häufig fehlte eine Untermauerung durch genügend Eigenkapital. Haider war nicht vom Fach und ließ sich hier in politischer (Selbst-)Verblendung mitreißen. Schließlich profitierte sein Land Kärnten. Umgekehrt übte Haider gewiss einen starken Einfluss auf Kulterer aus, der wiederum als Banker die Risiken zu oft zu leicht nahm.

So wurden Hotels in Sarajevo, Jachthäfen in Istrien und Ferienanlagen und Hotels an der kroatischen Adriaküste finanziert, die alles andere als ein gutes Geschäft waren. Daneben verspekulierte sich die Bank in diversen halbseidenen Geschäften im ehemaligen Jugoslawien – und nicht nur das. Und all das Risiko wurde auf die Schultern der Eigner geladen. So gab die Bank auch der Mini-Fluglinie Styrian Spirit, die im März 2006 Insolvenz anmelden musste, laufend Kredite und sorgte offensichtlich nicht genug vor. Das Ergebnis: Noch Anfang 2014 wurde gegen 110 Personen „wegen dubioser Vorgänge in Österreich, Kroatien und Bosnien-Herzegowina" ermittelt, berichtet das Magazin *Focus* im Januar 2014.

An diesen Beispielen kann man ein Kernproblem ablesen, das man beispielsweise bei der WestLB beobachten konnte, die in den Lehman-Jahren zu einem der größten Bedarfsflugunternehmen Deutschlands aufgestiegen war: Die Banken haben in diesen Jahren vergessen, was ihr ureigenes Geschäft ist. In diesem Vergessen, in dieser Unachtsamkeit gegenüber dem eigenen Geschäft liegt der wahre Kern der Krise.

Die Institute kümmerten sich um Geschäfte, die weitab des traditionellen Bankgeschäftes stattfanden.

Dieses Bild illustriert all jene folgenschweren Schritte, die die Steuerzahler bis heute viel Geld kosten.

Warum sollte ein guter Banker auch ein guter Hotelier oder ein guter Flugunternehmer sein? Wenn man sich auf Haftungen von Staat und Land verlassen kann, riskiert man schon mal so einiges.

Die Lehman-Pleite war nicht der Auslöser des Falls der Kärntner Bank. Lehman legte aber auch bei anderen in Schieflage geratenen Banken die klaffenden Wunden offen und beschleunigte das Desaster europaweit.

Legendär bleiben die Worte des damaligen österreichischen Finanzministers Josef Pröll: „Ich musste – mit Beratung der Nationalbank, der Finanzmarktaufsicht und auch der EU – eine klare Entscheidung treffen. Die ist gefallen, damit nicht ein ‚Lehman-II' für Österreich und Europa droht."

Das war seine Einschätzung im Dezember 2009.

Binnen weniger Tage war die Hypo verstaatlicht. Im *Kurier* sagt Franz Hahn, Bankexperte im Wirtschaftsforschungsinstitut Wifo, im Februar 2014: „So lange an die Sanierbarkeit zu glauben, das war der Kardinalfehler."

Und schon im Dezember 2009 war sich der Experte sicher: „Die Bank kann man nur mehr abwickeln." Was den Finanzminister und seine hauseigenen Experten dennoch bewog, nach der raschen Notverstaatlichung ausnahmsweise dem deutschen Vorbild nicht zu folgen, bleibt ein Rätsel.

Notenbankchef Ewald Nowotny hatte sich das deutsche Abwicklungsmodell angeschaut und dementsprechend empfohlen: Die Hypo sollte in eine „Good Bank" und eine „Bad Bank" aufgeteilt werden. Damit hätte man das funktionierende Bankgeschäft sanieren und weiterführen und den „bösen" Rest abwickeln können.

Doch das Finanzministerium in Wien wartete zu und ließ immer wieder verschiedene Modelle bis hin zur geordneten Insolvenz der Bank prüfen. Dadurch verlor man wertvolle Zeit.

Ein Grund für das Zaudern war sicher der Blick auf das staatliche Defizit. Die europäischen Staaten haben sich 1992 in Maastricht verpflichtet, bestimmte budgetrelevante Kriterien einzuhalten, um das Wirtschaftswachstum in Europa abzusichern. Das war vielen EU-Mitgliedern infolge der Krise egal, nicht aber Österreich. Eine Abwicklung der Hypo hätte den staatlichen Schuldenstand erhöht und Österreich hätte die Maastricht-Kriterien klar überschritten. Es bleibt der Eindruck, dass hier eine kurzfristige politische Entscheidung gefällt worden ist.

In der Folge hat man die Ursachen der Krankheit zwar erkannt, aber die Rezepte falsch angewandt. Die Politiker verabreichten der Hypo zu viele Antibiotika, um sich selbst zu beruhigen und eine Operation am offenen Herzen zu verhindern. Nur haben Antibiotika in manchen Fällen keine Wirkung. Und im Fall der Hypo bedeutete das falsche Rezept, dass sie immer mehr staatliches Geld verschlingt.

Dadurch wurde der Bedarf an liquiden Mitteln immer größer und man konnte keine Quellen mehr anzapfen – außer jenen der Steuerzahler.

Im übertragenen Sinne kann man also sagen: Erst im Jahr 2014 greift der Staat zur vier Jahre früher versäumten Operation. Was in der Zwischenzeit an unnötigen Medikamenten verbraucht wurde, zahlen die Steuerzahler.

Warum hat der Staat die Hypo überhaupt retten müssen? Diese entscheidende Frage hat bis heute kein Politiker zufriedenstellend beantworten können. Zu verschiedenartig sind die Antworten, zu kompliziert ist der Politjargon. Systemrelevant war die Bank in Österreich nicht, aber sicher in Teilen Südosteuropas.

Suchen wir uns die Fakten heraus, die heute außer Zweifel stehen. Und bitte beachten Sie immer die Zeitschiene: Wir befinden uns im Jahr 2009, ein Jahr nach Lehman. Die Nerven lagen im Finanzministerium blank. Österreichs Banken waren seit Jahren Vorreiter der Expansion in Osteuropa und plötzlich schien sich dieser vormalige Vorteil in sein Gegenteil zu verkehren.

Die Regierung machte sich also zu Recht Sorgen um die Kreditinstitute. Ein Zusammenbruch von einem oder mehreren hätte undenkbare Folgen nach sich gezogen. In Kärnten drohte das Land pleitezugehen, weil es Haftungen in der Höhe von 18 Milliarden Euro für die Hypo übernommen hatte. Was sollte die Republik machen? Ein Bundesland in die Insolvenz zu schicken war undenkbar.

Ein Blick über den großen Teich hätte gezeigt: Auch Kalifornien ereilte dieses Schicksal, und trotzdem ging das Leben weiter. Ende 2008 meldete das Land die Insolvenz an und bat Washington in einem Brief um ein kurzfristiges Darlehen, um seine Tagesgeschäfte weiterführen zu können. Kalifornien war notorisch pleite und hatte 2012 unter Gouverneur Arnold Schwarzenegger eine Haushaltslücke von 25,4 Milliarden Dollar vorgelegt. Der einzige Ausweg für die US-Staaten fand sich darin, die Steuern zu erhöhen und Ausgaben drastisch zu senken.

In Europa, so auch in Österreich und Kärnten, ist es praktisch unmöglich, dass Staaten ein Bundesland pleitegehen lassen. Darüber nachzudenken, sollte allerdings erlaubt sein.

Warum sämtliche Steuerzahler für ein Missmanagement nicht nur einer Bundesländerbank, sondern auch einer Bundesländerregierung geradestehen sollten, ist nicht logisch zu erklären. In Standardsituationen sind die Bundesländer gerne sehr selbstbestimmt und wollen sich von Wien nichts vorgeben lassen. Nach 2000 hat Jörg Haider ungehindert die Landeshaftungen für die Hypo laufend nach oben korrigiert. Das Land Kärnten haftete zuletzt für Anleihen der Hypo in der Höhe von 12 Milliarden Euro – sechs Mal so viel, wie das Land Kärnten jährlich einnimmt, schreibt der *Kurier* im Februar 2014.

Erst die EU hat 2003 den Geldhahn für Haftungen in märchenhaftem Ausmaß zugedreht. Den eben beschriebenen innerstaatlichen Mauscheleien wurde ein Riegel vorgeschoben.

Heute gibt es noch immer Haftungen österreichischer Bundesländer für ihre Landesbanken, in einer Höhe von rund 50 Milliarden Euro. Und das bei einem Bundesbudget von rund 70 Milliarden Euro. In den Jahren 2016/17 sollten die letzten auslaufen.

Die große Gier ist also nicht nur in den USA oder in Kärnten ausgebrochen und die Lehren aus diesen Krisen sind noch lange nicht gezogen. Es warten schlimmstenfalls weitere Milliarden an möglichen Bürden auf den Steuerzahler. Und die Frage „Kann uns ein Fall Hypo wieder passieren?" muss man leider mit „Ja" beantworten. Und auch mit „jederzeit". Noch stecken wir in der Phase der Abwicklung, die Aufarbeitung hat erst begonnen und wird noch lange Zeit beanspruchen. Ob ein Untersuchungsausschuss im österreichischen Parlament große Änderungen und Korrekturen mit sich bringt, bleibt abzuwarten. Immerhin sollte der ausdauernde Einsatz der Opposition, allen voran des Grünen-Budgetsprechers Werner Kogler, einen Untersuchungsausschuss ermöglicht haben.

Einerseits ist demokratiepolitisch unbestritten, dass Skandale mit derartigen Auswirkungen auf des Steuerzahlers Taschen transparent aufgearbeitet werden müssen. Andererseits sind U-Ausschüsse in Österreich bisher so unglücklich abgelaufen, dass sich irgendwann sogar ursprüngliche Befürworter zu Gegnern dieses demokratiepolitisch wichtigen Instruments wandelten. Zu sehr standen Unterstellungen von allen Seiten und medienwirksame Auftritte mit Spitzen gegen die jeweiligen Widersacher im Vordergrund. Die Menschen wurden nicht mehr neutral angehört, sie wurden regelrecht vorgeladen.

Das führte vor allem dazu, dass sich die Bevölkerung von diesen Politikern schlecht vertreten wusste, und am Ende war es egal, welcher Couleur.

In Deutschland wurden U-Ausschüsse viel ruhiger und gelassener abgehandelt. Das hängt mit der unterschiedlichen Gesetzgebung in Deutschland und Österreich zusammen. Nach Artikel 44 des Grundgesetzes muss der Bundestag einen Untersuchungsausschuss einberufen, wenn 25 Prozent seiner Mitglieder das fordern. Das bedeutet: Die Opposition kann sich dieses Instruments viel leichter bedienen als in Österreich. In Österreich war die Opposition bisher auf das Wohlwollen der Regierungsparteien angewiesen, die Einberufung eines U-Ausschusses benötigt die Mehrheit des Parlaments. Das ist und war wohl auch der Grund für die oft heftigen Auseinandersetzungen in diesen Ausschüssen.

Doch auch Österreich scheint einen neuen Weg des U-Ausschusses gefunden zu haben, der weniger spektakulär und hoffentlich mehr von Inhalten getragen sein wird.

Grundsätzlich darf man vor lauter Aufarbeitung der Vergangenheit nicht die Zukunft aus dem Blick verlieren. Das schien in Österreich gerade bei der Hypo auch ohne fehlenden U-Ausschuss der Fall gewesen zu sein.

Ein U-Ausschuss kann kein Deus ex Machina sein, der alles nach Belieben herbeizaubert, er kann aber einen wichtigen demokratiepolitischen Beitrag zur Neuausrichtung von Verantwortlichkeiten leisten.

Andere Länder, andere Sitten: Die Amerikaner handelten schnell, verstaatlichten marode Banken und wickelten ihre „schlechten" Geschäfte zügig ab. Lehman Brothers war nicht die einzige Bank, die der Staat fallen ließ. Lehman war allerdings größer als viele andere Institute und die Auswirkungen des Bankrotts besonders fatal. Keiner hätte gedacht, wie stark verwoben die Investmentbank mit vielen kleinen, aber auch großen Banken und Unternehmen war. Diese Vernetzung liegt auch in der Undurchsichtigkeit der toxischen Konstrukte begründet, die in Umlauf waren und eine geordnete Abwicklung erschwerten.

Grundsätzlich muss man den Amerikanern aber eines zugestehen: Sie handeln rasch, auch wider ideologische Grundsätze, und stellen dadurch so schnell wie möglich wieder eine leidliche Stabilität des Systems her. Diese Aktionen haben Tradition – seit Bestehen der Behörde für die Sicherung von Bankeinlagen, der Federal Deposit Insurance Corporation (FDIC), 1934 wurden rund 3500 US-Banken abgewickelt. Das Sahnehäubchen: Die Steuerzahler mussten nichts dafür bezahlen. Das Ganze kostete die Einlagensicherung in 80 Jahren rund 190 Milliarden Dollar, schreibt *Die Presse* im April 2014.

Wenn man das mit den 50 Milliarden Euro Haftungen in Deutschland oder gar den 18 Milliarden Euro in Österreich für eine einzige Hypo Bank in wenigen Jahren vergleicht, fehlen einem schlicht die Worte.

Was unterscheidet die US-Bank also von einer herkömmlichen Bank in Europa – in Deutschland, Österreich oder der Schweiz?

Mitteleuropa hat einen stark konzentrierten Bankenmarkt. Eine Konsolidierung steht seit Jahren an. Das heißt: Der Markt wird bereinigt und wenige Institute werden übrig bleiben. Viele Banken in Europa sind kleine Institute, die sich von Politikern ins Handwerk pfuschen lassen müssen.

Natürlich gilt das Gesetz für alle. Aber es hat etwa in Kärnten oder Bayern auch „gleichere als gleiche" gegeben. Und eine Bank hat sich auch aufgrund der Einflussnahme durch Politiker nicht nur in fremde, sondern zudem in viel zu fragwürdige Finanzierungen gewagt.

Bei den deutschen Landesbanken gab es ähnliche Verstrickungen. Die Bayerische Landesbank hat sich nicht von ungefähr mit der Kärntner Hypo eingelassen, sich dort beteiligt, scheinbar ohne eine generelle Überprüfung der Geschäftsfelder, eine sogenannte Due Diligence. Und im Nachhinein fühlen sich alle über den Tisch gezogen.

Die Vorgehensweise der Bayern und Kärntner war ähnlich. Von einer nachhaltigen Unternehmenskultur war wenig zu sehen. Darauf werde ich an späterer Stelle noch ausführlicher eingehen.

Dabei geht es in diesen Fällen nicht um ein paar „läppische" Milliarden, sondern um eine etablierte fragwürdige polit-ökonomische Kultur, die in den USA nicht möglich gewesen wäre. Die Politiker dort haben schnell gehandelt, binnen weniger Tage einen 700 Milliarden Dollar schweren Geldtopf geschaffen, aus dem die Banken Hilfe bekamen. Heute sind die Notkredite fast zur Gänze zurückgezahlt.

Auch die deutschen Behörden und Politiker haben relativ rasch reagiert und den Ball flach gehalten, die Schweizer haben sich ebenso schnell durchgerungen, die UBS zu stützen. Insgesamt musste die Schweizer Großbank 2007 mehr als 60 Milliarden Dollar abschreiben. Und das wegen Investments in faule Immobilienpapiere in den USA.

Nach dem Fall von Lehman war in der Schweiz endgültig Feuer unterm Dach. Bund und Nationalbank schossen nicht nur frisches Kapital zu, sie übernahmen auch Giftpapiere im Wert von 40 Milliarden Dollar, zieht die *Aargauer Zeitung* im März 2014 Bilanz.

Die Lehre, die man auch in der traditionell wirtschaftsliberalen Schweiz aus der Krise gezogen hat: Gewinne werden realisiert, Verluste sozialisiert. Das kennen wir ja schon. Trotzdem: Der Fall wurde in der Schweiz zügig und letztendlich mit weniger Schmerzen für den Steuerzahler abgehandelt als anderswo.

Im November 2013 kaufte die UBS die Schrottpapiere von der Nationalbank zurück, jetzt stehen die vorher 40 Milliarden schweren Giftpapiere mit drei Milliarden in der Bilanz.

Das Schweizer Parlament agierte schon zuvor im Sinne seiner Steuerzahler und boxte im September 2010 folgende Maßnahmen durch: Boni an Verwaltungsrat, Geschäftsleitung und Führungskräfte wurden verboten, unverhältnismäßige Entschädigungen an Geschäftsleitung oder Verwaltungsrat sollten zurückgefordert werden, und nicht zuletzt wurde die Bank verpflichtet, KMU-Kredite zu tragbaren Bedingungen zu vergeben.

Die Geschäftsprüfungskommission für die Maßnahmen zur Rettung der UBS dokumentierte auch, dass die Exekutive die Krise nicht früh genug erkannt habe. Daher regte die Kommission an, ein Überwachungs- und Frühwarnsystem für Krisen beim Bundesrat zu etablieren, die Kompetenzen für die involvierten Institutionen wie Finanzmarktaufsicht und Nationalbank zu erweitern und ihre Zusammenarbeit zu verbessern. Auch hier reagierte man also rasch.

Allerdings muss man auch im Fall der UBS festhalten, dass immer wieder das ureigene Bankgeschäft missverstanden wurde. So geriet die Bank 2007 nicht nur wegen ihres starken Engagements in US-Hypotheken ins Wanken, die US-Steuerbehörden ermittelten gleichzeitig gegen UBS-Kundenberater. Der Vorwurf lautete: Animierung von US-Bürgern zum Steuerbetrug.

Kein Wunder, dass der größte Vermögensberater der Welt Maßnahmen ergriff. Es ging Schlag auf Schlag. Verwaltungsratspräsident Marcel Ospel wurde durch Peter Kurer ersetzt. Im November 2008 verlangten die USA die Herausgabe von Kundendaten. Diese Forderung traf das schweizerische Bankwesen ins Innerste, galt und gilt doch die Schweiz als sicherer Hafen für Investments verschiedenster Provenienz. Kundendaten herauszugeben kam einem Anschlag auf das Bankgeheimnis gleich. Doch die UBS war stark unter Druck geraten, auch unter Beschuss der heimischen Öffentlichkeit.

Im August 2009 einigten sich die USA und die Schweiz auf einen Vergleich im Steuerstreit. Die Schweiz verpflichtete sich, die betroffenen Daten zu identifizieren und auf Steuerbetrug und Steuerhinterziehung zu untersuchen. Doch dann griff das Schweizer Bundesverwaltungsgericht ein und erklärte „die Herausgabe der UBS-Kontendaten an die US-Behörden für rechtswidrig", berichtet der *Tagesanzeiger* im November 2011. Die Auslieferung wurde kurzfristig gestoppt. Schließlich zogen die beiden Staaten einen Schlussstrich und die Schweiz lieferte doch den Großteil der Kundendaten.

Wie ging es in der UBS weiter? Im April 2010 verweigerten die Aktionäre der UBS in der Generalversammlung die Entlastung der ehemaligen Führung der Bank. Im Oktober legte die UBS ihren Bericht zur Aufarbeitung der Krise vor und bekannte sich zu Fehlern, die das Institut an den Rand des Abgrunds gebracht hatten. Auf eine Klage gegen die Verantwortlichen verzichtete die Bank seltsamerweise dennoch.

Mittlerweile, im Sommer 2014, erarbeiten die beiden Schweizer Großbanken UBS und Credit Suisse Notfallpläne für den Worst Case. Beide Institute wollen bis Mitte 2015 das Schweizer Geschäft in eigene Tochtergesellschaften auslagern. Diese sollen das von der Schweiz aus betreute Vermögensverwaltungsgeschäft sowie die Privat- und Firmenkundensparte umfassen, berichtet die *Neue Zürcher Zeitung* im August 2014.

„Weil sozusagen alle Länder mit wichtigen Finanzplätzen danach streben, den Schaden von allfälligen Bankpleiten möglichst gering zu halten, findet derzeit bis zu einem gewissen Grad eine Renationalisierung des globalen Finanzgeschäfts statt. So werden die UBS und die Credit Suisse beispielsweise auch in den USA ihre Aktivitäten in einer Zwischenholding zusammenfassen und kapitalmäßig verselbstständigen."

Diese Maßnahme soll verhindern, dass in der Zukunft finanzielle Probleme der Muttergesellschaften auf ausländische Tochterfirmen übergreifen und sie anstecken.

Insgesamt kann man angesichts der Datenlage sagen, dass die USA am schnellsten und zugleich am wirksamsten in ihr Bankwesen eingegriffen haben. Auch die USA haben aber kein Allheilmittel gegen den schlimmsten anzunehmenden Unfall. Sollte eine wirklich große Bank in Amerika oder Europa zusammenbrechen, müsste wieder der Staat rettend eingreifen. Dann müsste auch erneut der Steuerzahler löhnen, denn für Härtefälle wie diese gibt es weder in Washington noch in Brüssel oder anderswo genügend Rücklagen in einem Fonds.

Daran ändert im Übrigen auch die Bankenunion nichts, die lediglich als erster zaghafter Schritt in Richtung einer Neuaufstellung der künftigen Bankenwelt betrachtet werden kann.

Die Bankenunion wird schrittweise eingeführt. Doch bereits im Sommer 2014 floss mancher Aspekt in die eine oder andere Bankenrettung mit ein. In Portugal trat der Worst Case ein: Die drittgrößte portugiesische Bank, Banco Espírito Santo (BES), geriet infolge von Fehlspekulationen in immer größere Schwierigkeiten. Die Aufsicht reagierte schnell und setzte binnen weniger Tage das gesamte Management ab. Anfang August musste der Staat die BES in einer groß angelegten Aktion retten. Das war deshalb so wichtig, weil das gesamte Zahlungs- und Finanzsystem des Landes gefährdet war.

Eine systemrelevante Bank steht vor dem Fall – und könnte binnen kürzester Zeit ihre Funktionen im Zahlungsverkehr, Kreditgeschäft oder Sparbereich nicht mehr ausüben.

Der Staat musste eingreifen, die Portugiesen haben aus früheren Rettungen gelernt. Der Staat hat 4,9 Milliarden Euro an frischem Geld in die Bank gepumpt. Zentralbankgouverneur Carlos Costa stellte den Rettungsplan vor: Das notwendige Kapital soll von einem Abwicklungsfonds bereitgestellt werden, der 2012 geschaffen wurde und von den Banken finanziert wird. Vorübergehend wird der Fonds Alleinaktionär der BES sein. Doch die *Neue Zürcher Zeitung* berichtet im August 2014 einschränkend: „Der weitaus größte Teil dieser Finanzspritze kommt aus Mitteln der externen Troika."

Costa erklärte, dass der Fonds allein nicht über genügend Mittel verfüge und daher auf Gelder aus dem europäischen Hilfsprogramm zurückgreifen müsse. Anscheinend fließen rund 4,4 Milliarden Euro aus diesen Mitteln und rund 500 Millionen Euro aus dem Abwicklungsfonds.

Die Portugiesen machten Nägel mit Köpfen. Costa gab bekannt, dass die BES in eine „Good Bank" mit Kundeneinlagen, Krediten mit normalem Risiko und rentablen Aktiva und in eine „Bad Bank" mit faulen, toxischen Aktiva gespalten werde.

Hier liegen „die unsicheren Forderungen der Bank gegenüber den mittlerweile insolventen und übergeordneten Holdings der Gruppe Espírito Santo, die Gläubigerschutz beantragt haben. Für diese Verbindlichkeiten müssen die Aktionäre des Instituts und nachrangige Gläubiger alleine einstehen", so die Zeitung weiter. Diese Übergangsbank möchte Costa mittelfristig weiterverkaufen und aus dem Erlös den Fonds speisen, aus dem Geld geflossen ist.

Guter Hinweis der *Neuen Zürcher Zeitung*, den auch andere Politiker ernst nehmen sollten: „Costa versicherte zudem, dass weder die Steuerzahler noch der Staatshaushalt belastet würden, da es sich nur um eine vorübergehende und zudem für die Bank kostenpflichtige Hilfe handle."

Ob die Steuerzahler nichts zu zahlen haben, wird sich erst weisen, aber der Fall BES zeigt erstmals, was sich mit der Bankenunion per se durchsetzen wird: Die Gläubiger werden zur Kasse gebeten. Aktionäre und nachrangige Gläubiger werden zur Verantwortung gezogen. Eine Beteiligung der Sparer und vorrangigen Gläubiger ist dagegen nicht vorgesehen.

Hier wurden die Beihilferegeln für die staatliche Bankenrettung angewandt. Die Brüsseler Wettbewerbsbehörde billigte den Rettungsplan.

Die Rettung der BES ist ein Sonderfall. Zur Erinnerung: 2011 beanspruchte Portugal ein Hilfsprogramm und bekam mehr als 78 Milliarden Euro vom Euro-Rettungsfonds (EFSF) und dem Internationalen Währungsfonds (IMF). Das verhinderte den Staatsbankrott. Von den 78 Milliarden waren 12 Milliarden für die Rettung der Banken vorgesehen.

Trotzdem bringen Experten Einsprüche gegen die nun verwendete Bankenhilfe vor.

„Nach Ansicht von Bert Van Roosebeke vom Centrum für Europäische Politik (CEP) in Freiburg ist die Rettung der BES aus EFSF-Krediten insofern zwar formal korrekt, weil sie aus Mitteln stammt, die für diesen Zweck vorgesehen sind", schreibt die *Neue Zürcher Zeitung*. Es stelle sich dennoch die Frage, warum portugiesische Banken noch mit Mitteln gerettet würden, für die im Ernstfall die europäischen Steuerzahler geradestehen müssten.

„Die Ausfallwahrscheinlichkeit der Kredite sei eindeutig höher als null. Die BES-Lösung verstoße zumindest gegen den Geist der künftigen Bankenunion", so zitiert die Zeitung den Experten weiter.

Da ist er sich mit der „Alternative für Deutschland" einig. Die eurokritische Partei lässt den stellvertretenden Vorsitzenden Hans-Olaf Henkel, der für die Partei im Europaparlament sitzt, in einer Presseaussendung im August 2014 verkünden: „Über den Krisenfonds EFSF, der laut deutscher Bundesregierung schon im letzten Jahr hätte auslaufen sollen, werden nun wieder deutsche Steuerzahler an der Rettung einer portugiesischen Bank beteiligt. Das mag beruhigend für portugiesische Sparer sein, für deutsche Steuerzahler ist es das nicht."

Es heißt weiter: „Klar ist, dass eine Vergemeinschaftung der Bankenrisiken, wie sie die Europäische Bankenunion vorsieht, eine Diffusion von Verantwortung zur Folge hat. Wenn alle für die Risiken aller verantwortlich sind, ist am Schluss niemand mehr zuständig. Die EZB als zentrale Bankenaufseherin kann Krisen offensichtlich nicht verhindern."

Henkels Sicht der Dinge ist da relativ eng. Schließlich ist die Bankenunion zu dem Zeitpunkt noch nicht in Kraft getreten. Und wie beschrieben handelt es sich bei der Rettung der BES um einen besonderen Fall. Dass Henkel der EZB auch noch vorwirft, die Stresstests würden versagen, ist unfair, weil diese zu dem besagten Zeitpunkt noch nicht beendet waren. Wie berichtet haben die Aufseher die 130 systemrelevanten Banken über den Sommer durchgecheckt.

Wäre es besser gewesen, den Portugiesen das Geld nicht zu bewilligen? Was wäre geschehen, wenn der Fall der Bank die portugiesische Wirtschaft derart in Mitleidenschaft gezogen hätte, dass sie erneut vor dem Abgrund gestanden hätte? Ökonomische Zusammenhänge gehen über die kurzsichtige Denkweise eines deutschen oder portugiesischen Steuerzahlers hinaus.

Stichwort Stresstests: Diese haben gleich mehrere Banken in den Fokus der Aufseher gerückt. Und auch die Ratingagenturen haben reagiert. Am 5. 8. 2014 senkte die Ratingagentur Moody's das Rating der teilstaatlichen Österreichischen Volksbanken-AG (ÖVAG) – der Staat hält 43 Prozent, den Rest die lokalen Volksbanken – um zwei Stufen von Ba1 auf Ba3, der Ausblick ist negativ. Begründung: die Einschätzung der Unterstützung der Bank in Österreich habe sich geändert. Das heißt: Die ÖVAG ist ab jetzt eine „spekulative" Veranlagung. Mehr noch: Bei Verschlechterung der Lage sei mit Ausfällen zu rechnen.

„Der negative Ausblick für die langfristigen Banken-Ratings wird damit erläutert, dass der Druck auf die Kreditwürdigkeit der Bank zugenommen habe", schreibt die Nachrichtenagentur *APA*. Moody's begründet das unter anderem mit den neuen EU-Regelungen zur Bankenabwicklung.

Es schaut finster aus für den Bankenverbund. Bankexpertin Renate Graber hat schon Ende Juli im *Standard* berichtet, dass der Kapitalbedarf der Bank immens sei und das Eigenkapital mit den Vorgaben der Stresstests nicht korreliere. Graber beruft sich auf Quellen aus der Nationalbank: „Es besteht die Befürchtung, dass die Bank – im strengen Stressszenario – unter die für dieses Szenario vorgegebene Mindestkapitalquote von 5,5 Prozent fällt."

Die Bankenaufseher gehen mit Berufung des *Standard* auf Aufsichtskreise davon aus, dass der ÖVAG im strengen Stressszenario zwischen 500 Millionen und einer Milliarde Euro an Eigenkapital fehlen werden. Dass die Republik als Miteigner Kapital zuschießt, ist nicht geplant. Die Zeitung zitiert: „Im Finanzministerium sagt man nur, dass zukünftige Entscheidungen der Stresstest-Ergebnisse bedürfen."

Manchmal geht es schneller, als man denkt, und die Dinge überschlagen sich: Kurz vor Redaktionsschluss dieses Buches standen die Volksbanken erneut mit Negativschlagzeilen in den Medien. Am 28. 8. 2014 berichtet der *Standard* von einem Kapitalloch von 600 bis 800 Millionen Euro, gleichzeitig gab die Bank einen Verlust von 203 Millionen Euro allein für das erste Halbjahr 2014 bekannt.

Die Volksbanken könnten sich eine Kapitalspritze an das Spitzeninstitut kaum leisten. Wer die Rechnung am Ende zahlt, wird sich weisen. Noch darf man hoffen, dass die Politiker die nächsten Bankenprobleme behender und schlauer als bei der Hypo lösen. Sonst werden im Worst Case die Steuerzahler zur Kasse gebeten. Gelangt Moody's zur Ansicht, dass die kapitalmäßige Unterstützung fehlt, könnte das zu einem weiteren Downgrading, also Herabstufung, führen. Dagegen würde eine erfolgreiche Kapitalspritze das Rating verbessern. So einfach ist die Rechnung.

IV.

GEWINNER
UND
VERLIERER

London, Januar 2013: Seit Tagen berichten die Medien in Großbritannien und in der Schweiz, am 9. Januar dann endlich der große Auftritt einiger Schweizer Banker (vormalige Spitzenmanager der UBS) in einem Ausschuss des britischen Parlaments zum Skandal um den Referenzzinssatz Libor.

Der Libor ist der Zinssatz, zu dem Banken sich gegenseitig im sogenannten Interbankenmarkt Geld anbieten bzw. ausleihen.

Einige Banken, unter anderem die UBS, haben diesen Zinssatz zwischen 2006 und 2009 manipuliert. Dafür musste die Schweizer Bank eine Strafe von 1,4 Milliarden Franken zahlen.

Wenn Banken den Libor manipulieren, hat das verheerende Auswirkungen auf die Realwirtschaft, da Kreditnehmer häufig einen Kredit zu einem bestimmten Zinssatz aufnehmen und später teurer zurückzahlen müssen – denn der Libor hat sich plötzlich erhöht. Der Vorteil für die Banken: Sie können die Änderung des Zinssatzes für ihre Spekulationen und wenn alles gut geht für mehr Profit nutzen.

Die Frage, warum sie den Libor manipuliert haben, und den Auftritt in London hätten sich die drei ehemaligen Spitzenbanker Marcel Rohner, Jerker Johansson und Huw Jenkins wohl lieber erspart. Für die Öffentlichkeit, nicht nur die britische, ermöglichte der Ausschuss gleichwohl einen aufschlussreichen Blick hinter die Kulissen jenes Bankwesens, das selbst nach dem Fall Lehman keine falsche Scham zu kennen schien.

Marcel Rohner, bis zu seinem Rücktritt 2009 Vorstandsvorsitzender der Großbank UBS, gab auf die erste Frage der Parlamentarier, wie er den Skandal im historischen Vergleich beurteile, betreten zu: „Ich war schockiert, als ich darüber las. Ich schämte mich."

Da war er der einzige der anwesenden UBS-Banker. Dabei waren Jerker Johansson – von 2005 bis 2008 – und Huw Jenkins – 2008 und 2009 – CEO der UBS Investment Bank und standen somit in direkter Verantwortung.

Jenkins versicherte, das Management habe von dem Fehlverhalten einiger Mitarbeiter nichts gewusst. Auf die Gegenfrage eines Parlamentariers, wie man das als Außenstehender glauben solle, antwortete Jenkins: „Ich weiß, es ist schwer zu glauben, aber es ist so. Es tut uns leid, dass wir das nicht bemerkt haben. Die Kontrollsysteme haben versagt."

Nach dem Motto: Man kann ein Problem auch gut versachlichen und braucht dadurch selbst keine Verantwortung zu übernehmen. Es gehört doch auch der Vorstand zum Kontrollsystem und muss Verantwortung übernehmen! Das war vielen Topmanagern in diesen Zeiten offensichtlich nicht klar.

Wie man einem protokollarisch genauen Bericht der *finews.ch* im Januar 2013 entnehmen kann, gestand Johansson auf die Frage, ob er als Chef der Investmentbank persönlich versagt habe, zumindest ein: „Dort habe ich meinen Job nicht gemacht." Zu Recht entgegnete der Parlamentarier: „Das ist noch untertrieben."

Erstaunlicherweise will auch keiner der drei Herren das Libor-Geschäft als Risikobereich erkannt haben. Das sahen die Mitglieder der britischen Banken-Kommission anders und konfrontierten Marcel Rohner mit einer Präsentation aus dem Jahr 2007, an die er sich nicht im Detail erinnern konnte oder wollte. Doch die Briten fanden im Dokument eine Seite, die klarstellte, dass die damals in Schieflage geratene Bank wohl nur aus einem besonderen Geschäft frische Liquidität erlangen konnte: Erraten, es war das Libor-Geschäft. Auch daran konnte sich Rohner nicht erinnern.

finews.ch weiß auch von der Frage aller Fragen eines Abgeordneten zu berichten: „War es Diebstahl?", und zitiert Rohners Antwort: „Ja, im nicht justiziellen Sinne könnte man es als Diebstahl bezeichnen."

Der ehemalige Chef der UBS schließt seinen London-Ausflug am Ende doch versöhnlich ab. Was er gelernt hat aus dem ganzen

Schlamassel? Man habe von Quartal zu Quartal, viel zu kurzfristig gedacht. Man müsse eine neue Kultur aufbauen.

„Es gab keinen Mangel an Kultur, es gab einfach keine Kultur."

Dieses Zitat gilt für alle bisher beschriebenen Fälle. Irgendwann schien der Punkt erreicht, an dem plötzlich keiner mehr von irgendwas gewusst haben wollte, schon gar nicht davon, was sein eigentliches Aufgabengebiet war. Man ließ sich einfach vom Strom der Goldgräberstimmung mitreißen. Es würde schon alles gut gehen. Daher will auch niemand bemerkt haben, dass hier fröhlich Luftgeschäfte gemacht wurden.

Es ist einfach, sich lustig zu machen. Aber vergessen wir nicht, dass der Mensch eben kein reiner *Homo oeconomicus* ist, der sich nicht von Gefühlen leiten lässt. Vielmehr haben sich auch in der Wirtschaft alle aufeinander verlassen, ohne zu wissen, dass die anderen ebenso spekulierten wie man selbst.

Sokrates hätte seine Freude daran gehabt, mit dialektischen Fragestellungen Licht ins Dunkel zu bringen. Man kann nicht über die immer wiederkehrenden Regelverstöße hinwegsehen, die letztendlich die Steuerzahler der einzelnen Länder bzw. Staaten zahlen müssen.

Zurück zum länderübergreifenden Beispiel der Hypo und BayernLB. Es ist schwer vorstellbar, dass BayernLB-Chef Werner Schmidt beim Kauf der Kärntner Bank nichts davon wusste, wie es um die Hypo stand. Zum einen hatten ihn seine Sachbearbeiter mehrmals mit Nachdruck darauf hingewiesen, dass die Hypo kein gutes Investment war. Zu diesem Sachverhalt bekam er wie berichtet ein schriftliches Zehn-Punkte-Programm vorgelegt. Man kann nun vermuten, Schmidt habe das Papier nicht verstanden. Das ist aber eine sehr unrealistische Annahme.

Und seine Vorstandskollegen? Auch die haben das Papier anscheinend ungelesen bzw. ungeprüft in den Schubladen verschwinden lassen. Sonst hätten sie wissen müssen, worauf sie sich einließen.

Überall wurde Gold vermutet, man musste nur lang genug an diversen Stellen kratzen. Angesichts einer solchen Grundstimmung haben sich die Vorstände der BayernLB offensichtlich schwergetan, Nein zu sagen. Nein zum Finanzminister, der das dringende Bedürfnis hatte, einen Zukauf zu verkünden, und Nein zu einem Investment, das nur in einem Scherbenhaufen enden konnte.

Jetzt wird dem gesamten früheren Vorstand der BayernLB vorgeworfen, die Hypo zu teuer gekauft zu haben – um satte 624 Millionen Euro zu viel. Man wirft der BayernLB vor, Vermögen der Bank veruntreut zu haben.

„Das frühere Management um Ex-Vorstandschef Werner Schmidt ist aber keineswegs alleine schuld an dem Debakel, das die Staatsbank und den Freistaat insgesamt 3,7 Milliarden Euro gekostet hat", schreibt die *Süddeutsche Zeitung* im Juni 2014.

Es will mal wieder keiner gewesen sein. Dabei waren Vorstände, Aufsichtsräte, Politiker und Aufsichtsbehörden in der einen oder anderen Art in die Causa involviert. Ich möchte keine Hexenjagd ausrufen, es ist die Aufgabe der Gerichte, die Schuld zu ermitteln und dementsprechend die Verantwortlichen zu bestrafen oder freizusprechen. Ich möchte vielmehr aufzeigen, wie sehr sich menschliches Verhalten ändern und gleichzeitig auch im negativen Sinne verstärken lässt, frei nach dem Motto der selbsterfüllenden Prophezeiung. Ich muss nur lange genug an mein Glück glauben, dann wird es sich auch einstellen. Pech nur, wenn der Glaube allein nicht ausreicht.

„Die Münchner" und „die Wiener" – mit der Notverstaatlichung nicht mehr die Klagenfurter – sind jetzt, im Jahr 2014, keine Freunde mehr. Jeder fühlt sich betrogen. Die bayrische Regierung sagt, sie habe zu viel für ihr Engagement bei der Hypo gezahlt – mindestens 550 Millionen Euro zu viel. Deshalb verklagt der Freistaat die ehemaligen Verantwortlichen auf 200 Millionen Euro Schadenersatz. Die Staatsanwaltschaft in München ist überzeugt, die Angeklagten hätten den überteuerten Kaufpreis aus Größenwahn in Kauf genommen. Die ehemaligen Vorstände bestreiten jede Schuld.

Und plötzlich lässt sich eine Strategie erahnen. Schmidt argumentiert, die Hypo habe mit ihrem Balkan-Engagement das Geschäft der BayernLB perfekt ergänzt. Das war theoretisch richtig, erwies sich aber leider in der Praxis als Trugschluss. Streng genommen blieb ein unerfreuliches Resultat: außer Spesen nichts gewesen.

Schmidt rechtfertigte sich vor dem Staatsanwalt, er sei „nicht der Obersachbearbeiter" gewesen – so zitiert ihn *Focus* im Januar 2014. Das verantwortungslose Spiel mit dem Risiko sind also die anderen eingegangen, ist sich Schmidt sicher. Nur seltsam, dass diese anderen eben jene Sachbearbeiter waren, die Schmidt und seine Vorstandskollegen in einem Zehn-Punkte-Programm eindringlich und schriftlich gewarnt hatten.

Auch der damalige Finanzminister Kurt Faltlhauser versucht sich aus der Affäre zu ziehen: Er sei für die „Kapitänsentscheidung", nicht für den „Maschinenraum" zuständig gewesen. Wenn man solche Kapitäne hat, sollte man keine Kreuzfahrt buchen.

Faltlhauser trat übrigens im März 2014 als Zeuge im Strafprozess gegen die sechs ehemaligen Vorstände der BayernLB auf. Sie wurden wegen Untreue angeklagt, nicht nur weil sie die Kärntner Bank viel zu teuer gekauft, sondern auch weil sie die Aufsichtsorgane getäuscht haben sollen.

Die Münchner Staatsanwaltschaft hat eine Anklageschrift von 474 Seiten verfasst, die aufzeigt, welchen Druck Finanzminister Faltlhauser auf den Bankvorstand ausgeübt haben muss. Der Verwaltungsrat habe Schmidt und dessen Managerkollegen deutlich zu verstehen gegeben, sie müssten dieses Mal zum Zuge kommen, schreibt die Staatsanwaltschaft. Der Vorstand habe sich auf die gebotene und „positiv zu beurteilende" Chance zu konzentrieren. Und er solle bei der Dauer der Prüfung und der Verhandlungen sowie beim Kaufpreis flexibel sein, sich also beeilen, zitiert Klaus Ott in der *Süddeutschen Zeitung* im Juni 2011 aus der Anklageschrift.

Dass Faltlhauser als wichtigstem Vertreter der bayrischen Regierung nicht ebenfalls der Prozess gemacht worden ist, erklärten sich einige der Angeklagten mit politischer Rücksichtnahme der Justiz. Die Staatsanwaltschaft sah das anders. Dem Verwaltungsrat und seinem Chef Faltlhauser seien weit weniger Informationen über die Hypo Alpe Adria vorgelegen als dem Bankvorstand, teilweise seien dem Kontrollgremium wichtige Details vorenthalten worden. Daher das Fazit der Staatsanwaltschaft: Für eine Anklage gegen die Verwaltungsräte reiche das belastende Material nicht aus.

Die Bank aber will zugreifen. Faltlhauser als Aufsichtsratschef und sein Vize im Kontrollgremium, Bayerns langjähriger Sparkassen-Präsident Siegfried Naser, sollten ebenfalls für das Desaster bei der Hypo Alpe Adria büßen, beschreibt die *Süddeutsche Zeitung* das Anliegen der Bank. Die Gerichte warten den Ausgang des Prozesses gegen die Vorstände ab. Deswegen ruhen die Verfahren gegen die beiden im August 2014.

Bei seinem Auftritt am 19. 3. 2014 sagte Faltlhauser vor Gericht aus, er sehe sich vom Vorstand „nicht arglistig getäuscht". Dass die Vorstände den mittlerweile verstorbenen Kärntner Landeshauptmann Jörg Haider mit Sportsponsoring bestochen haben sollen, habe er, Faltlhauser, erst aus der Zeitung erfahren, berichtet der *Bayerische Rundfunk* im März.

Ende April 2014 bestätigte Wolfgang Kulterer, der frühere Vorstandsvorsitzende und ab Ende 2006 Aufsichtsratschef der Hypo, im Strafprozess in München: Schmidt habe gewusst, dass die Hypo schon vor der Übernahme durch die BayernLB in einem verheerenden Zustand gewesen ist. Die Eigenmittel seien lächerlich gewesen, die Probleme riesig.

„Gelinde gesagt eine Katastrophe", fasste Kulterer den Zustand der Bank im Jahr 2006 zusammen. Und er bestätigte auch, dass Haider Schmidt gedrängt habe, für seinen Fußballklub ein paar Millionen lockerzumachen. Ein „heller Wahnsinn", so Kulterer. Er selbst habe sich dahingehend nicht missbrauchen lassen. Kulterer ist letztlich in Wien wegen mehrerer Delikte in der Causa Hypo zu fünf Jahren Gefängnis verurteilt worden.

Banker werden fallweise also sehr wohl für ihre Fehler zur Rechenschaft gezogen. Politiker scheinen dagegen auf der sicheren Seite zu stehen. Neben Kurt Faltlhauser saßen auch der damalige Wirtschaftsminister Erwin Huber und Innenminister Günther Beckstein im Verwaltungsrat der BayernLB. Wie es aussieht, haben sich alle drei entweder nicht ernsthaft genug um den Deal gekümmert, als der Kauf der Kärntner Bank beraten wurde – die beiden letztgenannten Kabinettsmitglieder saßen laut einem im U-Ausschuss geäußerten Vorwurf der Grünen in keiner einzigen Sitzung des Verwaltungsrates –, oder sie haben die Dimension des Deals in ihrer gesamten auch ökonomischen Bedeutung nicht erkannt.

Beckstein ist sich sicher, Faltlhauser habe ihn mit einer Zustimmung zum Kauf ermuntert. Diese Aussage hat nicht nur die Grünen aufgeregt.

Haben die Aufsichtsorgane nicht nachweislich die Pflicht, wie ein bissiger Hund zu überwachen, dass der Vorstand seinen Job richtig macht? Wenn man sich nicht gründlich informiert, kann man sich wohl auch kein richtiges Bild machen – und darf sich schließlich nicht wundern, wenn man die Katze im Sack kauft, „ohne zu prüfen, ob das Tier überhaupt noch lebt", sagte Sepp Dürr, bayrischer Abgeordneter, der für die Grünen im Banken-Untersuchungsausschuss saß. Oder wie die Grünen Landtagsabgeordneten im Bayerischen Landtag im Blog *Milliardengrab Hypo* über Huber schrieben: „Er wollte den Sack nicht einmal sehen."

Natürlich haben Politiker viele Funktionen zu erfüllen und die BayernLB war nicht ihre einzige Baustelle, dass man sich aber so wenig um den immerhin größten Deal in der Geschichte der BayernLB kümmerte, muss schlichtweg verwundern.

Es zeigt sich ein Missverständnis in der Rollenverteilung: Es kann nicht sein, dass ein Minister und Aufsichtsrat den Vorstand regelrecht zu unklugen Ankäufen anstiftet, dann aber für nichts geradestehen muss. Das bedeutet natürlich nicht, dass der Vorstand seinerseits schuldlos ist. Beide müssen ihre Verantwortung übernehmen.

Die hier aufgezeigten Verhältnisse lassen sich nicht nur in Deutschland oder Österreich, und leider nicht nur im Bankensektor, sondern überall und in vielen Branchen finden: Wo der Staat bzw. die Politik mitmischt, tun sich häufig Abgründe auf. Denn Politiker missverstehen ihre Rolle zu oft, ohne dafür zur Rechenschaft gezogen werden zu können.

Das soll keine billig pauschalisierende Anschuldigung von Politikern sein! Die Männer – denn meist ist es immer noch eine Herrenrunde – sind schlichtweg überfordert. Irgendjemand muss ihnen helfen, aus diesem Dilemma herauszukommen. Doch die Positionen, an denen die zur Veränderung nötigen Gesetze beschlossen werden, sind originellerweise genau mit jenen Politikern besetzt, die Hilfe brauchen, wenn es um bestimmte Kompetenzen geht.

Eines ist klar: Wenn der Staat Mehrheitsaktionär oder Eigentümer eines Unternehmens oder einer Bank ist, verfügt er über ein natürliches Mitspracherecht. Was für einen privaten Eigentümer gilt, gilt natürlich auch für einen öffentlichen.

Das Mitspracherecht sollte der Staat jedoch nicht von Beamten und schon gar nicht von Politikern ausüben lassen, sondern von Managern, die zumindest ein mitteldurchschnittliches Verständnis von der Funktion eines Unternehmens und einer Branche haben. Das bedeutet dann eben: Raus aus den Aufsichtsräten mit den Berufspolitikern!

Huber war Wirtschaftsminister, hatte aber offensichtlich zu wenig Zeit und/oder zu wenig Ahnung, um ein riesiges und einmaliges Investment der Bayerischen Landesbank genauer zu überprüfen. Selbiges gilt für Günther Beckstein und Kurt Faltlhauser.

Da verlief die Aufarbeitung des Schlamassels um die UBS in der Schweiz um einiges professioneller, wenn auch der Wirbel um die Höhe der Beträge, die geflossen sind, naturgemäß groß war. Der

Staat hat die UBS zwar gerettet, sie kaufte aber ihrerseits die 40 Milliarden Franken schweren Giftpapiere Ende 2013 zurück. Die Papiere schienen anschließend mit drei Milliarden in der Bilanz auf.

Und nicht zu vergessen: Das Schweizer Parlament agierte schon im September 2010 im Sinne seiner Steuerzahler und griff in das Wohlverhalten der Unternehmensführung ein, indem es Boni verbot und die UBS-Organe, sprich Geschäftsführung und Verwaltungsrat, in die Pflicht nahm, unverhältnismäßige Boni der Jahre zuvor zurückzufordern. Außerdem wurde die UBS-Führung verpflichtet, kleineren und mittleren Unternehmen (KMU) Kredite zu tragbaren Konditionen zu gewähren.

Die Exekutive gab zu, dass sie das Ausmaß des Falles der UBS viel zu spät erkannt habe. Daraus lernten die Schweizer schnell und richteten ein Frühwarnsystem für ähnliche Fälle ein. Die Kompetenzen für Finanzmarktaufsicht und Nationalbank wurden erweitert und ihre Kooperation verbessert. Im April 2010 verschärften die beiden Aufsichtsorgane das Liquiditätsregime für die Großbanken UBS und Credit Suisse. Die Finanzmarktaufsicht (Finma) legte fest, dass Banken nicht nur mehr Eigenkapital, sondern auch bessere Liquidität vorweisen müssen. Konkret bedeutet dies, dass Banken über einen Zeitraum von 30 Tagen auch bei großer Stresslage für ausreichend Liquidität sorgen können, um den Geldkreislauf aufrechtzuerhalten.

Wenige Wochen später wurde ein Plan zur Problematik „too big to fail" vorgelegt. Beide Banken waren und sind zu groß, um sie in Schwierigkeiten geraten zu lassen, weil dies zum Bumerang für die gesamte Schweizer Wirtschaft werden würde. Ende Mai warfen die Geschäftsprüfungskommissionen von National- und Ständerat dem Bundesrat Versagen und unkoordiniertes Vorgehen in der UBS-Affäre vor. Die Politiker wiesen dies zumindest teilweise zurück.

Im Sommer 2010 forderten SP und Grüne eine Sondersteuer auf Boni und Vorschriften für höhere Eigenmittel bei den Banken – scheiterten aber im Nationalrat. Im Oktober legte die Expertenkommission fest, dass die Großbanken ihre Eigenmittel ab Ende 2018 auf mindestens 19 Prozent hochschrauben müssen.

Die Schweizer sind forsch vorangegangen. Trotzdem: Würde eine der beiden Großbanken heute pleitegehen, würde dies den Staat auch jetzt noch bis in seine Grundfeste erschüttern.

Der Fall UBS birgt auch andere Seiten: Im November 2010 verzichtete die Finma auf weitere Untersuchungen gegen ehemalige Chefs der UBS. Das ist nicht wirklich nachvollziehbar.

Die Schweizer Politiker übernahmen rasch Verantwortung, indem sie auch ihre eigenen Versäumnisse einräumten. Man mag einwenden, die Schweizer seien seit jeher ein Staat, der starke und mächtige Banken hat, und das ließe die Bevölkerung gegenüber den Bankern eher positiv gestimmt sein. Das ist nicht der Punkt. Auch in der Schweizer Bevölkerung regte sich Widerstand, als die Manager sich trotz riesiger Verluste satte Boni ausschütten ließen.

Vielmehr kann man sagen: Wenn Politiker Verantwortung übernehmen, ist es einfacher, einen Weg aus einem schwierigen Wirtschaftskapitel wie dem der Bankenkrise zu finden. Das haben die Österreicher bis heute nicht geschafft. Das liegt aber auch daran, dass sich in Österreich Politiker aller Couleur gegenseitig die Schuld zuschieben und sich gleichzeitig die eigenen Hände in Unschuld waschen wollen. Was bringt's? Nur noch mehr Politverdrossenheit und das Gefühl in jedem Steuerzahler: Wir müssen für die Fehler der anderen zahlen.

Politiker haben es nicht leicht. Sie müssen dafür sorgen, ihre Macht zu erhalten und möglichst zu festigen. Ein solches Bestreben muss auch öffentlich wahrgenommen werden. Für eine kurzlebige Schlagzeile treffen sie bisweilen auch kurzsichtige Entscheidungen, die wie in Fällen der großen Krise viel zu selten für Unternehmen und Banken anwendbar und positiv sind. Das hängt auch damit zusammen, dass Politiker europaweit zu wenig unternehmerische bzw. wirtschaftliche Erfahrung mitbringen.

Diese Kurzsichtigkeit frustriert Banker wie Unternehmer und mitunter lässt mancher auch mal öffentlich seinem Ärger freien Lauf.

Der Generaldirektor der Erste Bank in Wien, Andreas Treichl, hat Mitte Mai 2011 bei einer Veranstaltung seinem Unmut über die Politiker Luft gemacht. Das schlug wochenlang Wellen in den Medien und der Banker erntete breite Zustimmung bei Unternehmern – und vielen anderen.

Treichls Credo: Die Politik habe zwar die Kreditvergabe zum Teil zu Recht erschwert. Aber es habe sich niemand um die Sicherheit von Staatsanleihen gekümmert. Kreditvergaben an vertrauenswürdige Firmen seien im Vergleich zu Ausleihungen an Staaten zu streng reglementiert. Und der Banker nannte einen konkreten Fall mit viel Aussagekraft.

„Ein Beispiel: Eine Firma, die ich seit hundert Jahren kenne, die noch nie einen Verlust gemacht und 50 Prozent Eigenkapital hat, möchte einen Kredit von mir haben. Dann brauche ich als Bank heute zehn Mal so viel Eigenkapital, als ob ich eine Anleihe an Griechenland vergeben würde, obwohl ich jetzt schon weiß, dass die Anleihe wenn dann nur über die Steuerzahler zurückgezahlt werden kann."

Seine Conclusio, inklusive dem Skandal-Sager: „Das ist eine Frechheit, das ist ein ganz grober Fehler. Unsere Politiker sind zu blöd und zu feig dazu und zu unverständig dafür, weil sie von der Wirtschaft keine Ahnung haben, um dagegenzuwirken. Das wird Österreich schaden und wir werden hinter andere Länder zurückfallen." (im Mai 2011 in der Nachrichtenagentur *APA*.)

Und wie wir gesehen haben, sind die Politiker auch anderswo relativ „unbelastet", wenn es um das Verständnis ökonomischer Zusammenhänge geht, auch wenn sie Fachminister eines Wirtschaftsministeriums sind.

Wer genau war denn nun Teil des finanzwirtschaftlichen Umfelds der Krise und hat versagt? Auch die Behörden und die Ratingagenturen spielten eine nicht eben glorreiche Rolle. Fast alle von der Krise betroffenen Länder einte ein Grundproblem: Die Behörden waren nicht genug aufeinander abgestimmt bzw. unklar koordiniert, sodass Kontrolllücken entstehen mussten.

Das führte dazu, dass sich die Behörden in der Schweiz und Deutschland zu einem besser abgestimmten Vorgehen verpflichteten, in Deutschland wurde die Arbeitsteilung zwischen BaFin und Bundesbank neu organisiert. Allerdings gab es in der Schweiz Kritik, als im März 2014 der Brite Mark Branson zum neuen Chef der Eidgenössischen Finanzmarktaufsicht (Finma) gewählt wurde.

In der *Berner Zeitung* erschien im März 2014 der Brief eines wütenden Lesers. Er, Walter Stucki, habe gestaunt, dass sich die Behörde immer wieder gegen markante Gegenmaßnahmen infolge der Krise gesträubt habe.

„Wenn man vernahm, dass in dieser Behörde vor allem ehemalige Banker und UBS-nahe Leute saßen, wunderte mich das dann auch nicht mehr so sehr", schrieb der Leser weiter. „Und jetzt macht man wieder den Bock zum Gärtner und setzt einen ehemaligen UBS-Banker an die Spitze der Finma."

In der Schweiz rührte sich und rührt sich sehr wohl Unmut im Volk. Das zeigt besonders auch die abschließende Frage des Lesers, die als Aufforderung, etwas zu unternehmen, interpretiert werden kann: „Wann endlich wedelt der Schwanz nicht mehr mit dem Hund, sondern umgekehrt?"

Im Hinblick auf Österreich kann man sich fragen, wo die Aufsicht in den „Haider-Jahren" war, als die Hypo Alpe Adria systematisch für die Interessen der Landesregierung zweckentfremdet wurde.

Nationalbankchef Ewald Nowotny antwortete mir im Juli 2014 dazu: „Was Finanzmarktaufsicht und OeNB machen konnten, haben sie bei Einhaltung der gesetzlichen Regelungen erzwungen. Wir haben sehr früh herausgefunden, dass die Qualität des Eigenkapitals der Hypo Alpe Adria unbefriedigend war. Die OeNB hat die Ablösung des Vorstandes 2006 erzwungen."

Damals kam eine außergewöhnliche politische Aktion zum Einsatz: Jörg Haider wollte seine Macht demonstrieren und kürte den von den Behörden abgesetzten Vorstandschef Wolfgang Kulterer noch am 29. 12. 2006 zum Aufsichtsratchef der Bank – eine Ohrfeige für die Behörden. Denn am 1. 1. 2007 trat das Gesetz zur Cooling-off-Periode in Kraft. Dieses legt fest, dass es einer Pause von zumindest zwei Jahren bedarf, ehe ein ehemaliger Vorstandschef zum Aufsichtsratschef bestellt werden kann.

Nicht zuletzt aus diesem Streich Haiders schließt Nowotny: „Auch in Österreich gibt es durchaus Landesbanken, die gut wirtschaften. Es ist aber immer ein Problem, wenn eine Bank einem zu direkten politischen Einfluss ausgesetzt ist."

Abgesehen von den mehr oder weniger großen Problemen und Nöten der Aufsichtsbehörden und ihrer Koordination offenbarte sich praktisch in allen betroffenen Ländern dasselbe Dilemma: Die Regierungen beschäftigten sich wie eine Art Feuerwehr immer nur mit der akuten Insolvenzsituation einer Bank, das grundsätzliche System blieb außen vor. Daran hat sich bis heute nicht viel geändert.

Mittlerweile versuchen Politiker und Behörden, die Sicherheit der Banken über ein neues Regelwerk in den Griff zu bekommen. Gleichwohl bedarf es einer breiteren Neuaufstellung des gesamten wirtschaftlichen Systems. Die Banken allein umzustrukturieren ist praktisch unmöglich. Erst wenn auch Schattenbanken Einhalt geboten und der blinde Wahn des Shareholder-Value-Gedankens in der Wirtschaft insgesamt fallen gelassen wird, erst dann kann sich eine neue wirtschaftliche Weltordnung etablieren, die uns alle beruhigter schlafen lässt.

Der Weg dahin ist weit und steinig. Das alte System wird sich nicht so einfach abschütteln lassen. Und die Shareholder als Anteilseigner der Gesellschaften werden auf den maximalen Wert eines Unternehmens nicht verzichten. Darin sehe ich aber nicht das große Problem, sondern vielmehr in der starken Orientierung am Aktienkurs. Diese Orientierung steht einer nachhaltigen Unternehmensführung im Weg. Wie wir inzwischen wissen, mag der Aktienkurs Manager aufgrund ihrer Boni-Vereinbarungen von Quartal zu Quartal antreiben, doch der realwirtschaftliche und nachhaltige Gewinn ist zweifelhaft.

Schauen wir uns das am Beispiel Hypo Alpe Adria an: Nach der schon geschilderten Vorgeschichte und der Notverstaatlichung musste der neue Hypo-Vorstand seit 2010 die Kohlen aus dem Feuer holen. Die Politiker hatten große Ansprüche und ließen den Vorstand gleichzeitig im Regen stehen. Die Bank wurde in aller Öffentlichkeit als von „krimineller Energie durchsetzt" bezeichnet. Da braucht man sich nicht zu wundern, wenn man seine Gemischtwarenhandlung von Jachten bis Hotels nicht verkaufen kann. Wer mag schon einem Verkäufer trauen, den sein eigener Eigentümer der kriminellen Machenschaften bezichtigt? So wurde wertvolle Zeit verloren und die verbliebenen Assets büßten immer mehr an Wert ein.

Man kann nicht nur Freundschaften und Beziehungen zwischen Menschen, sondern auch zwischen potenziellen Geschäftspartnern zerreden. Die Hypo wurde in der Folge nicht nur gute Aktiva nicht mehr los, das Geschäft brach insgesamt ein. Wer will ein Bankkonto bei einer Bank, die regelmäßig mit Negativschlagzeilen in den Medien steht? Wobei in diesem Fall nicht die Medien, sondern den Eigentümer die größte Schuld an der Berichterstattung trifft.

Krisenkommunikation sieht anders aus. Die Politik ist bei der Hypo von einem Fettnapf in den nächsten getreten und trägt ihre Verantwortung nicht nur auf Landes-, sondern auch auf Bundesebene. Zuerst hat Haider geschlampt, dann hat die Regierung in Wien ihre Hausaufgaben nicht gemacht. Und die zu Hilfe gerufenen Verantwortlichen, Vorstands- und Aufsichtsratschefs, warfen einer nach dem anderen entnervt das Handtuch.

Nowotny erinnert sich: „Wäre damals eine Bad Bank errichtet worden, hätte dies sofort die öffentliche Verschuldung erhöht. In Deutschland hat die Abwicklung der WestLB die öffentliche Verschuldung um sechs Prozentpunkte erhöht. Im Nachhinein betrachtet hat sich die Politik vielleicht der Illusion hingegeben, dass die Bank sich aus sich selbst heraus sanieren kann."

Diese Illusion und das vierjährige Zuwarten waren für die Republik und folglich die Steuerzahler die weit teurere Variante. Kurzfristig stiegen die Staatsschulden zwar nicht an, langfristig kostet die

Zauderei aber von Tag zu Tag mehr, da die Assets nicht an Wert gewinnen, ganz im Gegenteil.

Es geht auch anders. So hat das Finanzministerium den staatlichen Gemeindefinanzierer Kommunalkredit nach seinem verunglückten Ausflug in exotische Veranlagungen made in USA sofort in eine „Good Bank" und eine „Bad Bank" aufgespalten. In die Bad Bank KA Finanz wurden ABS und Konsortenpapiere verlegt. Nach und nach erholen sich die Papiere wieder, da die USA das Problem relativ rasch in den Griff bekamen.

Was ist der Unterschied zur Hypo? Abgesehen von der Größenordnung: Die Hypo hat in Hotels und Schiffe investiert, die im Wert nicht steigen, sondern eher fallen.

Zur Größenordnung: Die Hypo-Anleihen übersteigen die Einnahmen im Kärntner Landeshaushalt um das Sechsfache. Hätte der Bund die Bank pleitegehen lassen, hätte das Land Kärnten diese Milliarden zahlen müssen. Schließlich hat das Land Kärnten die Haftungen gewährt, nicht der Bund. Das Land Kärnten wäre also pleitegegangen. Das hätte natürlich Österreich als Wirtschafts- und Investitionsstandort massiv geschadet.

Und dennoch hätte es Lösungsansätze gegeben, die nicht berücksichtigt worden sind. Eine geordnete Insolvenz wäre zumindest ein gerechterer Weg gewesen, vor allem für die Steuerzahler. Bei einer geordneten Insolvenz hätten alle bisherigen Profiteure mitgezahlt, sprich Anleihehalter, Banken und die BayernLB. Die Republik hätte mit all diesen Beteiligten darüber diskutiert, auf wie viel Geld sie freiwillig verzichten mögen. Man hätte die Bank langsam abwickeln können, um Panik zu verhindern. Auch das Gutachten der Finanzberatungsfirma Wyman kam noch 2013 zum Schluss: Eine geordnete Insolvenz wäre die günstigste Variante für Hypo und Steuerzahler.

Die Republik hat sich offensichtlich deshalb dagegen entschieden, weil die Regierung keine höheren Zinsen auf die Staatsanleihen in Kauf nehmen wollte. Denn dadurch wären die Staatsschulden kurzfristig angestiegen.

Für die Steuerzahler wäre ein solcher Weg trotzdem „ehrlicher" gewesen. Man wollte aber auch andere Investoren, allen voran mehrere österreichische Banken, nicht vergraulen.

Die Regierung hatte das Modell der Bad Bank lange verworfen. Dabei nimmt man die „bösen" Geschäfte und bündelt sie in einer eigenen Gesellschaft, der Bad Bank. Die „guten" Teile können verkauft werden. Der Staat kann die Bad Bank langsam abbauen, Sie erinnern sich an das Beispiel der UBS. Die Bad Bank wäre für den Staat günstiger.

Eine Bank braucht acht Prozent Eigenkapital. Eine Bad Bank wird nicht als richtige Bank betrachtet, sondern vielmehr als eine Art Depot für schlechte Geschäfte. Durch die Bündelung dieser Geschäfte in die Bad Bank sinkt automatisch das Eigenkapital für die verbliebene Good Bank. Das hätte im Fall Hypo bedeutet: Der Staat hätte keine vier Milliarden Euro zuschießen müssen, damit das Institut überhaupt eine Bilanz erstellen kann.

Im Nachhinein ist man immer schlauer. Es wurde eine „Abwicklungsgesellschaft" für die „schlechten" Geschäfte geschaffen. Dafür brauchte man vier Jahre. In Wahrheit ist die Abwicklungsgesellschaft eine „Bad Bank", die man schön umschreiben wollte. Reine Schönfärberei also.

Die Republik versuchte sich auch noch an einem anderen Lösungsansatz. Die anderen österreichischen Banken sollten sich an der Rettung der Kärntner beteiligen und die Hälfte der Bad Bank übernehmen. Reine Budgetkosmetik, wie der *Falter* im Februar 2014 ausführt. Es ging um die Anrechnung der Schulden, die zumindest zur Hälfte nicht mehr im Budget des Staates erschienen wären. Damit hätte die Republik Österreich die Defizitkriterien laut Maastrichter Stabilitätspakt leichter eingehalten.

Doch die Banken spielten nicht mit. So musste der Staat ihnen 2009 ebenfalls unter die Arme greifen und 100 Milliarden Euro an Rettungsgeldern zur Verfügung stellen. Dieser Schritt war zur Stabilisierung des Sektors nötig. Die Banken haben zwischenzeitlich das vorgestreckte Geld großteils wieder zurückgezahlt. Und sie ächzen gewaltig unter einer nicht eben kleinen Summe an Bankensteuer.

Das normale Größenverhältnis zu Deutschland liegt bei 10:1. Im Fall der Bankensteuer zahlen die Österreicher einen fast ebenso hohen Betrag wie die Deutschen. Eine enorme Belastung für den Bankensektor. Es ist absehbar, dass hier nicht nur kurzfristig sehr viele Filialen und Jobs wegfallen werden.

Man mag sich auch die Frage stellen, wie andere Banken dazu kommen sollen, an vorderster Front für eine in Schieflage geratene Bank einzustehen. Warum zieht der Staat als Erstes nicht jene zur Verantwortung, die zuvor von ebendieser Bank profitiert haben?

Das ist ein rechtlich schwieriges Thema. Erst mit der Bankenunion und dem sogenannten „Bail in" werden die Gläubiger belangt. Wer Anleihen bei der Hypo gekauft hat, müsste geradestehen. Sprich internationale Investoren, auch nationale, Hedgefonds, Pensionskassen und andere. Um den Investitionsstandort nicht zu gefährden, ließ man die Investoren zunächst einmal in Ruhe.

Ein kleines Land wie Zypern hat diesen Schritt gewagt, befand sich aber 2013 in einem Ausnahmezustand, weil Bank Runs die Banken ohne Geld dastehen ließen. Tagelang stürmten Anleger die Bankfilialen, um ihre Spareinlagen abzuheben.

So funktioniert Wirtschaft, so funktioniert Börse: Wenn ich in eine Anleihe oder Aktie Geld investiere, kann ich mit hohen Gewinnen rechnen, ebenso muss ich aber einplanen, dass ich alles verlieren kann.

Der Fall Hypo Alpe Adria ist deshalb gesondert zu betrachten, da es milliardenschwere Landeshaftungen gab, die auch nachrangige Anleihepapiere zu einem mündelsicheren Investment verwandelten. Letztlich entschied sich die Regierung in Wien dazu, die Gläubiger teilweise zur Kasse zu bitten, und das in einem rechtlich nicht ganz nachvollziehbaren Rahmen. Das ist ein rückständiges, populistisches Vorgehen der Politik, ganz und gar nicht im Sinne der nachfolgenden Generationen. Denn diese werden die Rechnung zahlen müssen. Hätte man wie in Zypern mit den großen Investoren gesprochen und den Sinn der Aktion besser erklärt, wäre dieser Eingriff vielleicht noch zu goutieren. So dagegen hat sich eines der reichsten Länder der Welt den Ruf eines unverlässlichen Kapitalmarkt-Partners eingetragen. Außerdem fragt man sich, wie man Haftungen einfach ausradieren kann. Zumindest das Land Kärnten hätte als Gläubiger geradestehen müssen.

Ewald Nowotny sieht bei allen Landesbanken in Europa ein „Grundproblem“: 2003 hat die EU Landeshaftungen verboten, da sie den Wettbewerb verzerren. In Kraft trat das Verbot allerdings erst 2007. Was dazu führte, dass viele Landesbanken bis 2007 noch einmal die maximalen Haftungen ausnutzten.

„Und sie wussten nicht, was sie mit all dieser Liquidität anfangen sollten“, sagt Nowotny. „Die Deutschen kauften also die problematischen US-Papiere, die Hypo Alpe Adria nutzte das Geld, um auf den Balkan zu gehen.“

In allen Fällen lagen die Banken spektakulär daneben.

Zurück zum Abverkauf der Hypo. Gottwald Kranebitter, im März 2010 zum Hypo-Chef berufen, versuchte das Schlimmste zu verhindern – für die Bank selbst und letztlich für den Steuerzahler. Doch die Politiker griffen immer wieder ein, und weder Vorstand noch Aufsichtsrat konnten agieren, wie es marktüblich der Fall sein sollte. Das Resultat: In relativ kurzen Abständen legten sie ihr Mandat nieder bzw. wurden auf unsanfte Weise demontiert, wie der frühere Notenbankchef und ehemalige Raiffeisenbanker Klaus Liebscher. Sie alle gehörten zu den Verlierern, obwohl sie im Sinne des Steuerzahlers gerne das letzte Match um die Hypo gewonnen hätten.

Fest steht schon jetzt: Die deutschen Steuerzahler wurden von ihren Politikern deutlich mehr geschont als die österreichischen. Schlimmstenfalls kann die Hypo so viel an Steuergeld verschlingen wie die weit größere WestLB. Und eines muss uns allen klar sein: Solange die Bankenunion noch nicht gestartet ist, müssen die Staaten für ihre notverstaatlichten Institute geradestehen.

Mag die EU den Verkauf auch antreiben, es ist noch lange nicht gesagt, dass die Staaten nicht gerade deshalb ein Verlustgeschäft fahren. Denn Vorgaben, bestimmte Tochtergesellschaften binnen kürzester Zeit zu verramschen, bringen den möglichen Investoren Vorteile: Sie brauchen nur abzuwarten, bis die Bank unter Druck billig und immer billiger verkaufen muss.

Die größten Verlierer der Finanzkrise sind also die Staaten bzw. Bundesländer, die den Banken unter die Arme gegriffen haben. Durch die riesigen Schuldenberge, die die Banken mitfinanzieren müssen, sind sie wiederum aufs Engste mit den Staaten verflochten. Verlierer sind auch die Steuerzahler.

Zu den Gewinnern zählen die Ratingagenturen. Sie verpassten Unternehmen und Banken immer wieder Ratings, die den Zustand des jeweiligen Unternehmens zumeist viel rosiger darstellten, als es der Fall war – und ließen sich von denselben Unternehmen gut dafür entlohnen.

So bekam der US-Energiegigant Enron noch kurz vor dem Fall Top-Ratings, auch die italienische Großmolkerei Parmalat und die Investmentbank Lehman konnten sich kurz vor ihrer Insolvenz auf gute Bescheide verlassen. Wenn man im Juni 2014 das Schlagwort „Ratingagenturen" googelt, schauen die Suchergebnisse nicht viel anders als vor Lehman aus: Die Agenturen bewerten Länder und Unternehmen und gelten immer noch oder vielmehr wieder als Maß fast aller Dinge. Obwohl sie sich nachweislich und immer wieder total verschätzt haben. Ihre hohe Fehlerquote hängt damit zusammen, dass sich auch die Ratingagenturen zu sehr um öffentliche Schulden kümmerten und diese für schlecht befanden, bei privaten Unternehmen dagegen seltsamerweise diese Sorgfalt außer Acht ließen.

„Bewertungsfehler stellen einen maßgeblichen Grund für die Finanzkrise dar. Finanzinstitute aus aller Welt beteiligten sich an dem geschilderten Modell in der Hoffnung auf hohe Renditen und verließen sich dabei auf die Risikoeinstufung durch die Ratingagenturen", erläutert Stefan Grundmann in *Finanzkrise und Wirtschaftsordnung*, 2009.

Ebenda heißt es zu den komplizierten Konstruktionen um toxische Papiere: „Hinzu kam ein Interessenkonflikt, da auch die Ratingagenturen von dem neuen Geschäftsmodell profitierten und daher geringe Anreize besaßen, diese für sie lukrative Einnahmequelle durch schlechte Ratings zu drosseln. Mehr noch: In vielen Fällen konzipierten sie die Anlagemodelle mit."

Grundmann weiter: „Die besondere ‚Expertise' der Ratingagenturen hat sich nicht bewahrheitet."

Das Zitat stammt aus dem Jahr 2009, hat aber auch im Blick auf die heutige Situation noch traurige Gültigkeit. Die Ratingagenturen machen weiter, als hätte es kein Lehman gegeben.

Es gab also Interessenkonflikte, die man in Europa nach dem Fall Lehman gerne in den Griff bekommen hätte, indem man eine europäische Ratingagentur gründet. Das ist aus verschiedenen Gründen bis heute nicht passiert. Wobei man realistisch bleiben muss: Eine europäische Ratingagentur hätte wohl an der gesamten Krise wenig verändert und würde eine künftige Krise nicht verhindern können. Wo sich der Sitz einer Ratingagentur befindet, ist zweitrangig.

Was genau sind Ratingagenturen eigentlich? Es handelt sich um private Unternehmen, die wiederum andere Unternehmen, aber auch Staaten nach verschiedenen wirtschaftlichen Kriterien prüfen. Die Agenturen haben sich großteils über Aufträge gerade jener Unternehmen und Staaten finanziert, die sie im Gegenzug prüfen sollten. Ein Schelm, wer Böses denkt. Andererseits sichern sich die Agenturen gegenüber Dritten erfolgreich ab, indem sie schon auf ihrer Homepage verkünden, sie gäben lediglich eine Meinung zum Zustand eines Staates, Bundeslandes oder Unternehmens ab und dazu, wie gut diese gegenüber konjunkturellen Schwankungen bestehen könnten. Das heißt im Umkehrschluss: Die Agenturen bewerten auch, wie hoch die Ausfallwahrscheinlichkeit von Forderungen an einen bestimmten Staat oder ein bestimmtes Unternehmen ist.

Immer unter dem Schutzmantel der Behauptung, ja nur eine Meinung und Einschätzung wiederzugeben.

Die Meinung der Ratingagenturen zählt dennoch mehr denn je. Und wir sind nach wie vor in einer Art Geiselhaft: Wer den Stempel des guten wirtschaftlichen Wohlbefindens nicht bekommt, der bekommt Probleme. Das sieht man am Beispiel Griechenland, das sich nicht mehr über den Kapitalmarkt finanzieren konnte, weil die Agenturen ihm jegliche Hoffnung genommen hatten. Oder am Beispiel Italien: 2012 hat der damalige Ministerpräsident Mario Monti so radikale Sparmaßnahmen gesetzt, dass er das Land an den Rand einer Rezession brachte. Die Ratingagenturen ließen die Sparmaßnahmen kalt, sie stuften das Land trotzdem herab. Ergebnis: Italien hat einige Manager der Ratingagenturen verklagt, Mario Monti wurde abgewählt. Bis heute gibt es kein Urteil in der Klage gegen die Ratingagenturen. Besonders gravierend für die italienische Wirtschaft waren aber die mit den Abstufungen verbundenen Auswirkungen auf die Kapitalmärkte. Im Fall einer Abstufung steigen die Zinsen auf den Schuldendienst und damit wird die Refinanzierung eines Staates immer teurer.

Auch eine 5-Milliarden-Dollar-Klage gegen S&P und Moody's hat in den USA mit einer außergerichtlichen Einigung geendet, berichtet die *Neue Zürcher Zeitung* im April 2013. Der Vorwurf lautet, „dass sie sich bei der Risikobewertung zweier auf Hypotheken basierender Derivate von kommerziellen Interessen hätten leiten lassen und deren Risiken den Investoren gegenüber willentlich als zu niedrig veranschlagt hätten. Die Derivate erwiesen sich im Zuge der Finanzkrise als wertlos und die Investoren verloren 700 Millionen Dollar".

Sie haben kein Mitleid mit Griechenland oder Italien, weil die Länder nicht schuldlos in die Schuldenfalle geraten sind und sich viel zu spät auf Reformen besannen, und das auch nur durch die Macht des Faktischen? Dann will ich Ihnen noch ein Beispiel aus der sogenannten „guten" Kern-Eurozone nennen, das ich selbst miterlebt habe.

Ende April 2009 flog der damalige Finanzminister Josef Pröll mit Mitarbeitern seines Kabinetts und einigen Finanzjournalisten zur

Frühjahrstagung des Internationalen Währungsfonds IWF nach Washington. Im Gepäck ein Notfallplan für Osteuropa, um ein Überspringen der Krise auf diese EU-Länder zu verhindern. Mit dabei hatten er und seine engsten Mitarbeiter aber auch den entschiedenen Willen, ein paar Dinge klarzustellen, die einige Wochen zuvor Österreich in den Brennpunkt der internationalen Finanzszene gerückt hatten.

Die Ratingagentur Moody's hatte Österreich kurz zuvor bescheinigt, ein größeres Problem zu haben – Österreichs Banken waren stark in Osteuropa veranlagt, und daraus leitete die Agentur einen negativen Ausblick für das Land ab. Damit nicht genug: Paul Krugman, Wirtschaftsnobelpreisträger 2008 und Kolumnist der *New York Times*, wagte basierend auf dieser Beurteilung eine gewagte Hypothese: Österreich stehe kurz vor dem Bankrott. Das ließ die Verantwortlichen in Wien beben, aber auch die Topmanager der betroffenen Banken. Praktisch alle involvierten Personen wiesen diese These entschieden zurück, allen voran Nationalbankchef Ewald Nowotny.

Damals zeigte sich eine Hysterie, die ich im April 2009 im *WirtschaftsBlatt* kritisiert habe: „Was ist da eigentlich in den Ökonomen Paul Krugman gefahren? Mein erster Gedanke war: Warum rennen Medien immer irgendwelchen Wunderwuzzis hinterher? Jetzt ist alles Krugman – trotz manch gewagter These. (…) Österreich steht seiner Meinung nach vor einem möglichen Staatsbankrott. Der Grund ist das Engagement der österreichischen Banken in Osteuropa."

Ohne Bank Austria UniCredit mit ihrer italienischen und Hypo Alpe Adria mit ihrer deutschen Mutter waren die österreichischen Banken damals mit rund 200 Milliarden Euro in Osteuropa investiert. Das Kreditvolumen war laut Pröll mit 85 Prozent gedeckt, und zwar von Spareinlagen vor Ort. 10 Prozent des Kreditvolumens hätten als gefährdet eingestuft werden können, sagte die Europäische Bank für Wiederaufbau und Entwicklung, EBRD.

Österreichs Finanzinstitute leisten einen jährlichen Beitrag zum Bruttoinlandsprodukt, also der jährlichen Wirtschaftsleistung, von 5,5 Prozent. Auch wenn die Bankenstricke damals in Osteuropa gerissen wären: Daraus auf einen Staatsbankrott zu schließen, war eine gewagte Aussage.

Auch ein kluger Mann wie Krugman kann sich mal irren. Und: Auch er hat die Analysen von Moody's gelesen und wohl zu ernst genommen.

Wie kommt es zu einem Rating? Jedes Unternehmen oder Land kann ein Rating bei einer Agentur ordern und ihr dafür einen Auftrag erteilen. Spielen wir das an einem Beispiel durch. Die Agentur soll die Bonität eines Unternehmens herausfinden, das heißt: Sie prüft das Unternehmen auf Herz und Nieren und greift dabei auf interne Informationen des Unternehmens zurück. Danach gibt es ein Rating. Dieses wird erst nach Genehmigung des Auftraggebers veröffentlicht.

Es gibt allerdings auch Staaten, die Agenturen aufgrund ihrer großen Bedeutung auch ohne Auftrag raten, darunter Deutschland, Frankreich oder Italien. In diesen Fällen gibt es auch keine Vorveröffentlichungspflicht. Es wird auch nicht bekannt gegeben, nach welchen Kriterien die Agenturen genau prüfen und analysieren, um sich ihre Meinung zu bilden. Das ist nicht eben sehr transparent, aber dazu später mehr.

Ein Kritikpunkt, den sich Ratingagenturen auch heute vorwerfen lassen müssen, ist ihr Umgang mit Risiko. Zu einfach und zu schnell kamen die Falschen zu Top-Ratings. Wo kein Kläger, da kein Richter. Wird ein Verfehlen nicht geahndet, ist es gleich weniger wert.

Abschließend möchte ich hier noch einmal den Rechtsexperten Grundmann zitieren: „Den Aufsichtsbehörden wurde vor der Krise gerne geringe Expertise bescheinigt. Hinzu kommt das Risiko falscher Anreize, bei den Ratingagenturen das der Abhängigkeit von der Vergütung, bei den Aufsichtsbehörden das einer Furcht vor reiner Kapitalflucht bei gehörig strenger Aufsicht."

Wo stehen die Banken? Sind sie Gewinner oder Verlierer? Viele von Ihnen werden sagen: Sie sind Gewinner. Das stimmt so nicht. Sie haben viele Fehler begangen und dafür werden sie noch lange zahlen. Außerdem werden sie in ein strengeres rechtliches Korsett gezwängt, was nicht immer gut für die Gesamtwirtschaft ist.

Im Detail jedoch kann man am Beispiel der USA sehen, dass die juristischen Nachwehen der Finanzkrise noch nicht ausgestanden sind. Und das kostet die Banken noch mehr Geld. Amerikas Generalstaatsanwalt Eric Holder sagte in einem Interview im *Wall Street Journal* im Oktober 2013: „Meine Nachricht für all diejenigen, die den Finanzmarkt geschädigt haben, ist, dass sie sich nicht dem Trugschluss hingeben sollten, sie kämen mit der Zeit ungeschoren davon."

Die US-Banken mussten sich wegen Betrügereien mit Hypothekenpapieren verantworten. Die Nachrichtenagentur *Bloomberg* geht davon aus, dass sich von 2009 bis 2013 bei den sechs größten US-Banken die Summen für Strafen, Entschädigungen und entsprechende Rechtskosten auf 103 Milliarden Dollar beliefen.

„Drei Viertel dieser Kosten mussten dabei von den zwei größten US-Banken, JPMorgan und Bank of America, geschultert werden", schreibt die *Neue Zürcher Zeitung* im Oktober 2013.

Zu den Gewinnern gehören zweifelsohne auch jene Staaten, die rasch das Bad-Bank-Modell einführten, etwa die Schweiz und Deutschland. Dort haben, wie bereits beschrieben, angeschlagene Banken qualitativ schlechte Vermögenswerte in Bad Banks ausgelagert. Meist handelte es sich um Verbriefungen von Schuldverschreibungen, die die Mutterhäuser nicht gefährden sollten.

Im Fall von UBS oder Depfa, der Irland-Tochter der verstaatlichten Hypo Real Estate, ist die Rechnung aufgegangen. So schreibt die *Neue Zürcher Zeitung* im Juni 2014: „Rückblickend waren die Bad Banks für die neuen Besitzer ein gutes Geschäft. Die Schweizerische Nationalbank realisierte auf dem Stabfund, der Bad Bank der UBS, neben Zinsen einen Gewinn von 3,9 Milliarden Dollar, die UBS, die einen Teil des Funds finanzierte, erhielt 2,8 Milliarden Dollar. In Deutschland ist es teilweise so weit gekommen, dass die Bad Bank dem Teil zu Hilfe kommen musste, von dem sie abgespalten wurde.

So kümmert sich nun die Abbaubank FMSW um die Abwicklung der angeschlagenen Depfa."

Im Schnitt rechnen wissenschaftliche Untersuchungen die Erfolge von Bad Banks mit jährlichen Renditen von 4 bis 10 Prozent, so die Zeitung.

Natürlich kann man auch hier davon ausgehen, dass die Bad Banks staatliches Wohlwollen und Unterstützung bei der Abwicklung bekamen und letztendlich dem freien Markt nicht wirklich ausgesetzt waren. Dennoch: In den genannten Fällen war durchaus eine positive Entwicklung zu erkennen.

Fazit: In der Finanzkrise hat es Gewinner und Verlierer gegeben, die nicht immer einfach auszumachen sind. Verlierer waren die Steuerzahler, weil sie immer wieder zur Kasse gebeten wurden. Andererseits hatten sie in einigen Fällen auch Glück im Unglück, so gesehen bei der Schweizer Großbank UBS oder der Depfa. Es gilt hier wie in vielen anderen Belangen des wirtschaftlichen Lebens: Wer zügig voranging, konnte das Schlimmste verhindern. Zu den Verlierern zählen die österreichischen Steuerzahler, da viel zu langes Zuwarten und Entscheidungslosigkeit der Politiker die Bürden nur noch steigerten.

Zu den größten Gewinnern zählen Ratingagenturen, die 2014, sechs Jahre nach dem Fall von Lehman und ihren noch kurz zuvor ausgestellten Super-Ratings für die schon darniederliegende Bank, praktisch ungeschoren davonkamen und wieder federführend am Spiel der Bewertungen teilnehmen.

Manager wurden zum Teil verurteilt, Politiker dürfen wie vor sechs Jahren mitreden, ohne zur Rechenschaft gezogen zu werden. Aber auch Aufsichtsbehörden zählen trotz allem zu den Gewinnern, weil sie sich auf Unkenntnis von Gegebenheiten berufen können.

Wer noch im Spiel war und gerne vergessen wird, sind die Wirtschaftsprüfer, die in einigen Fällen eine unrühmliche Rolle spielten.

Verloren haben sie wenig – außer vielleicht an Reputation, und das zumeist auch nur kurzfristig. Trotzdem: Richtige Sieger sehen anders aus.

V.

GELÄHMTE
INSTITUTIONEN

Meine bisherigen Ausführungen zeigen auf, wie schwerfällig und unbeholfen Institutionen und Verantwortungsträger im Umgang mit der Finanzkrise waren und immer noch sind. Dass ein Bundesland Banken Haftungen gigantischen Ausmaßes zusichern konnte, ist nicht nur fragwürdig, sondern geradezu unverantwortlich. Klar kann man sagen: Zu Tode gefürchtet ist auch gestorben, aber hier wurden die minimalen Anforderungen an einen guten Kaufmann gleich tausendfach vergessen bzw. beiseitegeschoben.

Noch einmal zu den in den Fall der Hypo involvierten Personen: Für die Haftungen der Kärntner Hypo zeichneten großteils Jörg Haider und seine Partei, die FPÖ, verantwortlich. Es wurde aber auch von Regierungsseite zugelassen, dass der Kärntner Landeshauptmann so locker mit Steuergeldern verfahren konnte. Was letztlich auf den Schultern aller österreichischen Steuerzahler lasten sollte. Hätte die EU 2003 nicht den Stecker gezogen, könnten sich die Landesbanken heute auf noch mehr Landeshaftungen verlassen, als es ohnehin der Fall ist.

Es ist auch ein Zeichen der populistischen Arroganz der Nachfolger, dass diejenigen, die den Karren gegen die Wand gefahren haben, plötzlich die anderen Parteien als Hauptverantwortliche der Krise hinstellen wollen. Wo FPÖ-Chef Heinz-Christian Strache allerdings recht hat: Die langjährigen österreichischen Regierungspartner SPÖ und ÖVP haben sich in der Abarbeitung der Causa nach der Verstaatlichung 2009 und der Zeit ihrer Verantwortung auch keine Orden verdient. Zu lasch war ihr Krisenmanagement. Man kann dem damaligen Finanzminister Michael Spindelegger in seiner Budgetrede am 29. 4. 2014 nur zustimmen: „So ist auch nicht die Feuerwehr schuld am Schaden, sondern der Brandstifter muss ausfindig gemacht werden – und das gilt besonders bei der Hypo."

In Kärnten wurde die Partei Haiders im März 2013 abgewählt. Das Volk hat spät, aber doch die Reißleine gezogen und Gerhard Dörfler, den Nachfolger Haiders, nach Hause geschickt und somit selbst verantwortungsvoll gehandelt.

Peter Kaiser, neuer Landeshauptmann Kärntens, saß für die SPÖ lange Jahre im Landtag und segnete einige Entscheidungen in Sachen Hypo mit ab. Kärnten hat einen Zukunftsfonds, der mit 500 Millionen Euro dotiert ist. Kaiser ließ verlauten, daraus werde es kein Geld für die Hypo geben. Das verärgerte nicht nur die österreichischen Steuerzahler, sondern auch seinen eigenen Parteichef, Bundeskanzler Werner Faymann.

In diesem Bestreben, jegliche finanzielle Beteiligung und Verantwortung am Desaster der Landesbank abzulehnen, tritt die seltsame Welt der Politiker zutage: Verantwortung zu übernehmen sieht anders aus. Zur Verantwortung sollte man nicht erst von der Macht des Faktischen gezwungen werden müssen.

Kommen wir noch mal zum „Feuerlöscher". Wenn man sich die Ereignisse um die Organe der Hypo nach der Notverstaatlichung anschaut, mag man ungläubig den Kopf schütteln.

Zuerst wurde Johannes Ditz zum Aufsichtsratschef der Bank ernannt. Der ehemalige Wirtschaftsminister hatte schon bei der Energie Steiermark für die ÖVP die Kastanien aus dem Feuer geholt. Und er arbeitete sich auch in die Causa Hypo zügig ein. Kritische Stimmen merkten an, dass weder er noch sein Gegenüber, Vorstandschef Gottwald Kranebitter, das Bankgeschäft von der Pike auf gelernt hatten.

Denkt man zurück an Wolfgang Kulterer und Tilo Berlin, muss man sich aber auch die Frage stellen, ob in der Vergangenheit die gelernten Banker ihr Institut nicht vor dem Untergang hätten bewahren können oder müssen.

Fakt ist: Im Fall von Kulterer hat die Finanzmarktaufsicht spät eingegriffen und erst Ende 2006 den Rücktritt erzwungen. Gleichzeitig blieb er noch eine Weile Aufsichtsratsvorsitzender. Wobei hier Haider das Gesetz bis zur letzten Sekunde nutzte, ehe die sogenannte

Cooling-off-Periode gesetzlich vorgeschrieben wurde, die einen sofortigen Wechsel vom Vorstand in den Aufsichtsrat ausgeschlossen hätte. Die Aufsicht musste in diesem Fall letztlich hinnehmen, vorgeführt zu werden.

Der Vorwurf gegen Kulterer: Bilanzfälschung nach dem Platzen eines riskanten Swap-Geschäfts zum Tausch von Zahlungsströmen. Und es wurde möglich, was nicht möglich sein dürfte: Ein Vorstand, der solcher Delikte auch nur verdächtig ist und seines Amtes (von der Behörde) enthoben ist, wird gleichzeitig als Chef des Aufsichtsrates (vom Landeshauptmann und Eigentümer) eingesetzt.

An dieser Stelle sollen die Worte des Generaldirektors der Erste Bank Andreas Treichl im Mai 2011 nicht zu sehr strapaziert werden („Politiker sind zu feig und zu dumm"), aber es braucht definitiv eine klare Lösung: Politiker raus aus Gremien – auch wenn sie Ahnung von ökonomischen Zusammenhängen haben.

Es hat sich zu oft gezeigt und ist derzeit europaweit ein eindeutiger Trend, dass Politiker mehr ihrer Partei, ihrem Wahlvolk, ihrer Karriere verpflichtet sind als den allgemeinen wirtschaftlichen Interessen. Das ist kein Pauschalangriff auf die Akteure. Es ist Usus geworden, dass politische Entscheidungen der Absicherung politischer Macht dienen.

Ein besonderes Merkmal der neuen Machtzentrierung ist der regionale, provinzielle Anstrich der Politik. Nach dem Motto: Wir regeln unsere Dinge allein und brauchen keinen von außen, der uns Ratschläge gibt. So kann der weltweite Wirtschaftskreislauf aber nicht mehr funktionieren. Und Lehman hat aufgezeigt, dass die Welt globalisiert und bis auf den kleinsten Landesfinanzierer vernetzt ist.

Nehmen wir die deutsche Atomwende als Beispiel. Egal welche Meinung man dazu vertreten mag: Diese Entscheidung haben Angela Merkel und ihre Regierungsmehrheit auf dem Rücken der E-Wirtschaft ausgetragen. Diese stöhnt heute noch über die immensen Umstellungskosten.

Politik ist zu sehr auf den kurzfristigen Erfolg aus, vor allem auf den vor der eigenen Haustür. Die große Welt draußen hat keinen Platz im lokalen Blickfeld der Politiker. Und Merkels Schachzug zielte damals auf die wichtigen Regionalwahlen in Baden-Württemberg. Die Wahlen 2011 verlor die Kanzlerpartei CDU.

Aber: So funktioniert Politik derzeit. So funktioniert aber nicht Wirtschaft. Diesen Widerspruch haben wir auch in Kärnten gesehen. Klare Regeln hat es nicht gegeben. Und die existierenden wurden öfter, als uns heute lieb sein kann, umgangen.

In Wahrheit gibt es dazu auch nicht überall eine rechtliche Grundlage. In den USA oder Zypern allerdings haben die Regierungen sich durchgesetzt und eine schnelle Abwicklung von maroden Banken auch unter Beteiligung der Gläubiger durchgezogen. In Österreich gab es einen großen Schönheitsfehler: die bereits erwähnte Landeshaftung. Sie macht Papiere de facto mündelsicher. Das wussten auch die Investoren. Bittet man diese Gläubiger zur Kasse, bringt das den Finanzplatz unwiederbringlich in Verruf, wenn, dann müsste man den größten Gläubiger zur Rechenschaft ziehen: das Land Kärnten, das früher so großzügig für die Bank haften wollte und dann die Verantwortung an die Republik, sprich die österreichischen Steuerzahler abgegeben hat.

Die Gläubiger befanden sich in weiten Teilen Europas klar im Vorteil, und auch sozialdemokratische Regierungen, die sich gemeinhin gerne unterstellen lassen, sie hätten ein besonderes Herz für die kleinen Sparer und Steuerzahler, ließen letztlich zu, dass Gläubiger nicht zur Kasse gebeten werden sollten und nur der Staat zahlen musste.

Erst vier Jahre nach dem Hypo-Desaster werden die Gläubiger rechtlich nicht ganz nachvollziehbar eingebunden. Und dies nur, um das Land Kärnten vor seinen eigenen Haftungen für die Hypo zu retten.

Das Vorgehen bringt international gesehen Folgen für das kleine Land mit sich: Am 10.4.2014 hat Standard & Poor's (S&P) mit einem Schlag alle wichtigen Banken Österreichs abgestraft und auf negativen Ausblick gesetzt, weil bekannt geworden war, dass das neue Hypo-Gesetz eine Light-Variante der Gläubigerbeteiligung vorsieht.

Die Hypo ist im Übrigen gar nicht geratet. (Wie berichtet, geben Ratingagenturen ihre Meinung über Unternehmen ab, nachdem sie ihre Zahlen geprüft haben. Nicht jedes Unternehmen wird geratet, sprich bewertet. Für das Rating muss ein Unternehmen zahlen. Darauf hat die Hypo offensichtlich verzichtet.) Also mussten Erste Bank, Bank Austria, RZB, RBI, Hypo Niederösterreich, Oberösterreich, RLB Oberösterreich, KA Finanz und ihre Aktionäre dran glauben. Und auch vier österreichische Bundesländer, die für ihre landeseigenen Banken haften – Burgenland, Wien, Niederösterreich und Vorarlberg –, mussten zu dem Zeitpunkt um ihre Ratings fürchten. S&P hat Erste Bank, RZB und Bank Austria im August 2014 abgestuft. Die Begründung: Für die kommenden Monate sei von einer „Zeit der Unsicherheit für die Marktteilnehmer" auszugehen, bis das neue Hypo-Gesetz verfassungsrechtlich geprüft sei, berichtet die *APA* im August 2014.

Zu diesem Zeitpunkt die Gläubiger zu beteiligen, war nicht nur rechtlich eine Themenverfehlung der österreichischen Regierung. Unmittelbar nach dem Ausbruch des Orkans der Krise hätte es wohl stillschweigende Zustimmung an den Märkten gegeben, wenn auch unter Stöhnen, siehe Zypern. Vier-Jahre später bedeutete die Aktion für den Kapitalmarkt in Österreich jedoch einen Bruch jeglichen Vertrauens der Investoren. Einen solchen Schritt hätte man auf rechtlich sicherem Terrain nur setzen können, wenn man die Bank in die Pleite geschickt hätte. Deshalb ist auch die internationale Verwunderung zu verstehen. Dass es Klagen geben wird, auch vonseiten der Bayerischen Landesbank als ehemaliger Miteigentümerin, ist unter diesen Umständen verständlich.

Konkret war vorgesehen, dass die Gläubiger der nachrangigen Hypo-Anleihen im Fall einer Insolvenz mit zur Kasse gebeten werden. Da es aber keine Insolvenz gab und das Land Kärnten für diese Anleihen gehaftet hat, kann man der österreichischen Regierung durchaus Willkür vorwerfen.

Erst in den nächsten Jahren wird sich nach diversen Klagen von Gläubigergruppen weisen, wer recht hat. Fix ist jedenfalls: Diese Diskussion wird den Kapitalmarktstandort Österreich gewiss nicht stärken. Im Gegenteil.

Wenn Ratingagenturen wie oben ausgeführt agieren und auch andere Banken durch negative Ratings abstrafen, ist es kein Wunder, dass Banken und Bürger strengere Regeln gegenüber diesen Meinungsmachern fordern.

In diesem speziellen Fall muss man allerdings im Auge behalten, dass die Republik Österreich Schulden per Gesetz auf andere abwälzen will. Oder, wie es der bayrische Finanzminister Markus Söder am im Juni 2014 sehr spitz formulierte: „Es ist ein einmaliger Vorgang in Europa, dass ein Land sich per Gesetz von Schulden befreien möchte. Wir werden auf privatrechtlicher und auf internationaler Ebene alle rechtlichen Schritte prüfen." Die Entscheidung werde „Auswirkungen auf den Finanzplatz Österreich" haben. Da hat Söder leider recht.

Es kann nicht sein, und hier liegen leider auch die Ratingagenturen richtig, dass ein Staat in geltendes Recht eingreift und es bricht. Versetzen Sie sich einmal in die Rolle der Gläubiger: Viele von ihnen hätten wohl schon lange keine Hypo-Anleihen mehr gezeichnet, wenn das Land mit seinen Haftungen nicht gebürgt hätte. Also haben die Investoren praktisch mündelsichere Papiere gekauft und dafür schöne Renditen kassiert.

Erst wenn nicht zuletzt aufgrund der Bankenunion das Recht geändert wird und die Gläubiger in diversen Schritten eingebunden werden, erst dann kann zugegriffen werden.

Konkret bedeutet das: Österreichs damaliger Finanzminister Michael Spindelegger hat mit seiner Light-Einbindung der Gläubiger zwar populistisch auf den richtigen Knopf gedrückt, weil er dem Wahlvolk signalisieren wollte: Wir bitten jetzt auch die bösen Zocker zur Kasse. Seine Entscheidung wird die Republik aber noch viel Geld kosten. Gleichwohl: Bis alles ausjudiziert ist, werden die meisten der jetzigen Verantwortlichen nicht mehr auf der Regierungsbank sitzen.

Zeit, die Frage nach der Verantwortung zu stellen: Wie kann es sein, dass ein Staat und seine Bürger immer wieder die Konsequenzen dafür tragen müssen, dass seine Politiker den Weg des geringsten Widerstands wählen, egal wie viel ihre Entscheidungen am Ende kosten? Schließlich zahlt der Steuerzahler die Rechnung und kann sich nicht dagegen wehren.

Die Ratingagenturen, die sich selbst als Meinungsmacher bezeichnen, dürfen also nicht per se beschimpft werden, die österreichische Regierung hat leider ein wichtiges Detail vergessen: Politiker dürfen nicht in die Trickkiste greifen. Dass die Haftungen des Landes Kärnten im neuen Hypo-Gesetz einfach verschwinden, ist in der Tat außergewöhnlich, diverse Rechtsexperten rechnen damit, dass die Kläger gute Chancen haben zu gewinnen.

Bis zum Redaktionsschluss des vorliegenden Buches war noch nicht klar, wer tatsächlich klagen wird, so oder so muss man bedenken: Die primäre Schuld am Debakel liegt hier leider nicht bei den Gläubigern, sondern vielmehr beim Land Kärnten. Haftungen in schwindelerregenden Höhen zu gewähren und sukzessive auszubauen, war eine Todsünde, die all die anderen skandalösen Fehlentscheidungen erst ermöglichte.

Wagen wir einen Blick in die Zukunft. Die USA, die EU und die Schweiz haben angesichts der tiefen Spuren, die die Finanzkrise hinterlassen hat, Regelwerke beschlossen, die im jeweiligen Fall Schwächen und Stärken haben. Gleich vorweg: Alle haben ihre Finanzmarktregeln verstärkt, keiner aber hat die ultimative Lösung gefunden.

Die USA waren wieder Vorreiter und die neuen Regeln sind seit 1.4.2014 in Kraft; sie haben Vor- und Nachteile. Die sogenannte „Volcker Rule", benannt nach dem ehemaligen US-Notenbankchef Paul Volcker, soll den Wertpapierhandel von Banken auf eigene Rechnung und eigenes Risiko unterbinden. Händler sollen nur noch so wenig Profit wie möglich aus Eigenhandelsgeschäften ziehen können. Außerdem werden hoch riskante Wertpapiergeschäfte verboten, die für die Bank und ihre Händler einen Interessenkonflikt darstellen könnten. Damit hätte man zwei Fliegen mit einer Klappe geschlagen. Allerdings gibt es zahlreiche Ausnahmen.

„Ausgenommen von dem Verbot sind Eigenhandelsaktivitäten in Verbindung mit Emissionsübernahme-, Sicherungs- und Repo-Geschäften (Wertpapierpensionsgeschäfte), Market Making, Clearing, Liquiditätsmanagement, Handel von Staatspapieren sowie Handelsgeschäften, die Teil eines Vergütungssystems oder Pensionsplans sind", schreibt die *Börsen-Zeitung* im April 2014 und zieht daraus den Schluss: „Diese Ausnahmen erschweren die Umsetzung der Volcker Rule immens."

Was war der Plan? Das Verbot des Eigenhandels sollte das gesamte Finanzsystem sicherer machen und Risiken für die einzelnen Banken minimieren. Ertragsschwankungen wären dadurch leichter zu verhindern. Die Banken würden kleiner werden und das System weniger gefährden. Die Transparenz sollte steigen. Die Banken könnten Spekulationsverluste von einzelnen Mitarbeitern viel eher verhindern.

Wie im Fall des Wertpapierhändlers Kweku Adoboli, der in London mit Fehlspekulationen in indexbasierte Fonds, sogenannte Exchange Traded Funds (ETFs), satte 2,3 Milliarden Dollar Verlust für die Schweizer Großbank UBS eingefahren hat. Das war der bisher größte Betrugsfall in der Börsengeschichte Großbritanniens.

Adoboli wurde zu sieben Jahren Haft verurteilt, gleichzeitig aber vom Verdacht der Bilanzfälschung freigesprochen. Das hatte seinen Grund: Der *Tagesanzeiger* zitiert die Finma im November 2012 mit ihrem Fazit, die UBS habe die Pflicht versäumt, ihr Geschäft in einer sauberen Art und Weise zu führen und dazu eine adäquate Organisation aufzustellen. Ein Beleg dafür scheint zu sein, dass Adoboli nicht für Bilanzfälschung verurteilt wurde. Auch hier bleibt der üble Nachgeschmack, dass Verantwortungen verschoben, falsch verstanden oder gar nicht wahrgenommen wurden.

Der Wertpapierhändler sagte vor Gericht, er habe immer nur das Beste für die UBS gewollt. Die Bank habe ihn zu immer höheren

Risiken verführt, zitiert ihn die *Neue Zürcher Zeitung* im November 2012. Seine Vorgesetzten hätten sein Handeln stillschweigend geduldet, solange dieses Gewinn abgeworfen habe. Allerdings räumte er ein, die Risikovorschriften der Bank missachtet und seine Geschäfte auf geheimen Konten getarnt zu haben. Es hätten aber auch andere UBS-Händler mit geheimen Konten gearbeitet. Die Bank hat dazu keine Stellungnahme abgegeben.

Für die UBS selbst hatte der Londoner Handelsskandal weitreichende Folgen. Konzernchef Oswald Grübel musste Europa-Chef Sergio Ermotti weichen. Unter dessen Führung starteten drastische Einschnitte in das Investmentbanking und der Abbau von rund 10.000 Arbeitsplätzen im ganzen Konzern wurde angepackt.

Zurück zu Volckers Regeln: Die Banken dürfen sich nicht an Private Equity (privates Risikokapital) oder Hedgefonds beteiligen – ein Schritt zu mehr Sicherheit. Alle von Volcker vorgeschlagenen Punkte lassen leider genug Raum für Schlupflöcher und Gegenargumente. Die *Börsen-Zeitung* führt die wichtigsten an:

Banken könnten sich vom Market Making ganz zurückziehen. Sie würden also keinen „Markt mehr machen", nicht mehr für die Handelbarkeit von Wertpapieren sorgen. Denn der Nachweis, Wertpapierpositionen nur kurzfristig zu halten, bringt Kosten und Mühen mit sich. Das würde in der Folge bedeuten, dass die Liquidität am Markt geringer wäre und die Transaktionskosten höher. Neue Dienstleister außerhalb des Sektors könnten das Market Making anbieten. Was die ganze Sache zumindest nicht sicherer machen würde.

Ein weiterer gewichtiger Punkt: Durch die Volcker Rule „werden Banken an Diversifikation und Profitabilität verlieren". Das Handelsgeschäft ist nun mal das Geschäft, mit dem die Banken ihr Geld verdienen. Die neuen Regeln kosten viel Geld und werden die Erträge der Banken schmälern, heißt es weiter. Ganz besonders wichtig: Auch wenn Banken keinen Eigenhandel mehr betreiben dürfen, stehen sie im Risiko. Schließlich müssen sie mit den neuen

Anbietern zusammenarbeiten, das dürften dann wieder Hedgefonds sein. Ob dies das ganze Gerüst tatsächlich stabiler macht, ist zu bezweifeln.

Was hat die Europäische Kommission für die Sicherheit des europäischen Finanzsystems in petto? Es geht wie überall um eine Stabilisierung des Systems. In Zukunft soll verhindert werden, dass Gewinne realisiert und Verluste sozialisiert werden. Der Steuerzahler soll nur bei einem Super-GAU, einem größtanzunehmenden Unfall, zur Verantwortung gezogen werden. Prinzipiell aber soll das neue Regelwerk, das in den vergangenen Monaten unter dem Stichwort „Bankenunion" in den Medien wieder und wieder abgehandelt wurde, dafür sorgen, dass die Gläubiger zuerst zur Kasse gebeten werden.

Doch der Reihe nach. Auch in Europa soll der riskante Eigenhandel verhindert werden. Das heißt: Handel auf eigene Rechnung, zum ausschließlichen Zweck der Gewinnsteigerung der Bank, ist verboten, „da diese Tätigkeiten zahlreiche Risiken bergen, ohne den Bankkunden oder der Wirtschaft konkrete Vorteile zu bieten", heißt es in einem Artikel zum Thema Bankrecht in der *Europäischen Zeitschrift für Wirtschaftsrecht* im April 2014.

Das kann man so interpretieren: Banken sollen aufhören zu zocken und lieber Kredite vergeben. Oder auch: Banken sollen sich auf ihr alt angestammtes Geschäft besinnen.

Ein weiterer Plan sieht vor, dass große Institute den Eigenhandel auf separate Handelsunternehmen übertragen müssen. Dadurch sollen versteckte Eigenhandelsgeschäfte unterbunden werden. Doch auch hier gibt es noch Schlupflöcher.

Die im Frühjahr 2014 beschlossene Bankenunion hat drei tragende Säulen. Zum einen hat das EU-Parlament eine Richtlinie über die Sanierung und Abwicklung von Banken gebilligt. Zum anderen gibt es endlich eine gesetzliche Grundlage für die einheitliche Abwicklung maroder Banken, zum dritten wurde die Einlagensicherung von 100.000 Euro pro Kunde und Bankkonto bestätigt.

An dieser Stelle muss ich Sie mit ein paar Kürzeln plagen, aber das liegt in der Natur der Sache. Was besagt die erste Richtlinie, bekannt unter dem Kürzel BRRD (Bank Recovery and Resolution Directive)? Wenn marode Institute keine Hoffnung auf Sanierung bieten, bauen die Abwicklungsbehörden diese Banken ab. Das kann über den Verkauf „guter" Teile und die Schließung „schlechter" Teile erfolgen – mittels Good Bank und Bad Bank. Die BRRD gilt von Anfang 2015 an für alle 28 Mitgliedstaaten der EU, wird aber erst ab 2016 voll angewandt werden und hat auch vorbeugende Elemente. So müssen die Institute Sanierungspläne für Stresstests vorbereiten, damit die Behörden früh genug Einblick in eventuelle Notfälle haben.

Die BRRD schreibt auch das künftige „Bail in" vor. Das heißt: Zuerst bluten Aktionäre und Gläubiger, erst zuletzt die Steuerzahler. In der Finanzkrise 2008 gab es das Gegenteil, ein sogenanntes „Bailout": In den USA, Europa und der Schweiz haben die Steuerzahler die Rechnung bezahlt. Das soll nicht mehr passieren.

Das Bail-in legt auch fest, dass bei der Abwicklung der Bank Ansprüche von Aktionären, Anleihegläubigern und Sparern mit Einlagen von mehr als 100.000 Euro abgeschrieben oder in Eigenkapital umgewandelt werden können. Auf diese Weise werden die Verluste der Bank gedeckt. Wenn diese Mittel mindestens acht Prozent der Bilanzsumme erreicht haben und nicht ausreichen, wird der neue Abwicklungsfonds angezapft, den die Banken gemeinsam speisen.

Zur Abwicklung: Der neue Abwicklungsfonds SRM (Single Resolution Mechanism) sieht vor, dass ein zentrales Gremium oder Board für größere oder grenzüberschreitende Banken zuständig sein soll, die in Schieflage geraten sind. Das Gremium ist von Anfang 2016 an direkt für rund 130 Banken europaweit zuständig. Über acht Jahre wird ein gemeinsamer Abwicklungsfonds gespeist, der schließlich 55 Milliarden Euro oder ein Prozent der Bankeinlagen enthalten soll. Das Gremium und die Europäische Zentralbank entscheiden, wann und wie eine marode Bank abgewickelt werden muss. Auf diese Weise soll verhindert werden, dass sich nationale Behörden aus politischen Gründen sträuben, eine nationale Bank abzuwickeln. Denn jeder Staat ist natürlich darauf bedacht, seine großen Banken zu schützen.

Der Geldtopf erscheint vielen Experten viel zu klein, und er ist es in der Tat. Bedenken Sie, wie viel die Bankenrettungen die Steuerzahler bisher gekostet haben: Das Institut der deutschen Wirtschaft schätzte 2013 die Kosten der EU-Staaten für die Banken mittels Bürgschaften oder Eigenkapitalspritzen auf 3,2 Billionen Euro. Demgegenüber scheinen 55 Milliarden Euro, und das angesammelt über acht Jahre, wie ein Tropfen auf dem heißen Stein.

Außerdem erschwert ein komplizierter Mechanismus die sofortige Umsetzung der Bankenunion. Zuerst fließen die Gelder in die nationalen Töpfe und erst in einem zweiten Schritt in den gesamteuropäischen Topf. Effizienz schaut anders aus. Nicht zu vergessen: Für die 130 größten Institute europaweit ist der SRM zuständig, für alle anderen Banken sind es weiterhin die nationalen Behörden.

Ein neuer Fall wie jener der Hypo wäre also jederzeit möglich.

Es fehlt auch weiterhin eine wirkliche Zugriffsmöglichkeit auf die Banken. Tatsächlich werden alle Staaten versuchen, ihre Banken vor einem Eingreifen und einer Abwicklung zu schützen. Bedenken Sie, welche politischen Verwerfungen es schon gegeben hat, siehe Bayern, siehe Kärnten, und was für wirtschaftlich-politische Implikationen zwischen Landesbanken und Ländern existieren.

Bisher galt die Einlagensicherung bis zu einem Betrag von 100.000 Euro pro Bank und Kunde. Dieses System wird verlängert. Es bleibt aber bei der rein nationalen Abwicklung. Neu ist: Alle EU-Staaten sollen einen sogenannten Einlagensicherungsfonds einrichten, den die Banken befüllen und der bis zu 0,8 Prozent der Einlagen innerhalb von zehn Jahren entsprechen soll. Auch hier kann man die Frage stellen, warum dies nicht von Beginn an ein zentraler europäischer Koordinator kontrollieren soll.

Es ist eine hohe politische Kunst, einen Ausgleich zwischen nationalen, regionalen und übergeordneten EU-Behörden zu erwirken. Angesichts des munteren Treibens der häufig falsch verstandenen Subsidiarität, beispielsweise in Österreich, muss einem angst und bange werden vor der drohenden Überregulierung.

Beispielsweise wurden die Regelungen zu den Themen Liquidität, Verschuldungsquote, Kapitalpuffer auf europäischer Ebene von vorher 12 auf 54 Artikel aufgestockt. Daneben gelten die nationalen Aufsichtsregeln, die „um zwei zusätzliche Regulierungsebenen erweitert werden, die nunmehr bei der Beurteilung eines konkreten Sachverhalts ebenfalls zu berücksichtigen sind", schreibt Raimund Röseler, Exekutivdirektor bei der BaFin, im April 2014 in einem Artikel in *Die Bank*. Trotzdem soll das Bankwesen dank der Bankenunion besser funktionieren, ist Röseler überzeugt: „Die Aufsicht ist daher bemüht, Schieflagen bei den beaufsichtigten Unternehmen zu vermeiden. Falls dies nicht gelingt, muss ein Marktaustritt mit möglichst geringen negativen Effekten, also eine geordnete Abwicklung, möglich sein."

Die *Neue Zürcher Zeitung* hat die Neuerungen im April 2014 präzise aufgezählt und endete mit folgendem Zitat: „All dies soll dazu beitragen, dass in einer nächsten Bankenkrise Bail-outs – die Rettung maroder Banken durch den Staat und damit den Steuerzahler – vermieden werden können. Außerdem soll im Euro-Raum der verhängnisvolle Link zwischen Staatsschulden- und Bankenkrisen aufgebrochen werden."

Eine europäische Welt ohne Schuldenberge bleibt leider vorerst ein Traum. Dennoch: Ohne gemeinsame Stimme und Aktion kann Europa eine Stabilisierung der Finanz- und Wirtschaftswelt nicht realisieren. Das sollte die Staaten zusammenschweißen und mutig die nötigen Wege beschreiten lassen.

Es muss uns aber auch bewusst sein, dass die Bankenunion de facto erst in zehn Jahren voll funktionsfähig sein wird. Ob die Banken also sicherer werden, ist alles andere als gewiss. Erst wenn die nächste Bankenkrise kommt, wird sich zeigen, wie zahnlos das neue Regelwerk noch ist. Die Bankenunion kann lediglich als erster Schritt in die richtige Richtung bezeichnet werden, dem noch viele weitere Schritte folgen müssen.

Willibald Cernko, Chef der Bank Austria, einer Tochter der italienischen Unicredit, warnt im Gespräch mit mir im Juli 2014: „Die Bankenunion gibt richtige Antworten, aber sie darf nicht zerredet werden, und nationale Einzelgänge dürfen nicht akzeptiert werden."

Es gebe ein starkes Nord-Süd-Gefälle, und in lokalen Wahlen sei schwer erklärbar, wie man Spareinlagen für alle sichern soll, auch in Ländern wie Spanien, Zypern oder Griechenland.

Diese Aussage zielt genau auf den Punkt, an dem sich die Realisierbarkeit des Großprojekts weisen wird.

Auch die Schweiz hat die Bankenabwicklung neu geregelt. Es gibt einige Gemeinsamkeiten mit dem europäischen Plan, insgesamt geht die Schweiz jedoch weiter als Europa. Schweiz wie EU erhöhen das Eigenkapital, wie es Basel III vorsieht. Basel III verschärft die Eigenkapitalregeln und setzt sie auf mehr als zehn Prozent fest. Das Regelwerk soll wie beschrieben dafür sorgen, dass das Eigenkapital von Banken erhöht wird. Das Eigenkapital soll ein dickeres Kapital-Polster für den Krisenfall bilden, als die Banken es zuletzt hatten. Dadurch soll verhindert werden, dass die Steuerzahler erneut einspringen müssen, wenn ein Institut in Schwierigkeiten gerät. Auch die Schweizer wollen künftig verhindern, dass der Steuerzahler den Kopf für Managementfehler von Bankchefs hinhalten muss.

Daher gilt hier: Im Krisenfall können sogenannte Pflichtwandelanleihen sofort in Eigenkapital verwandelt werden. Das heißt für die Anleger: Sie wissen noch eindringlicher, dass ihr Geld, das gut verzinst in Anleihen arbeitet, auch schnell wieder weg sein kann. Das sind die Spielregeln, die an der Aktienbörse schon immer galten und nur unter außergewöhnlichen Umständen plötzlich nicht mehr gelten sollten.

Basel III bringt sicher einige Faktoren zur Stabilisierung des Finanzsektors. Der Eigenmittelbegriff wurde strenger definiert, die Aufmerksamkeit stärker auf das harte Kernkapital gelegt. Kernkapital ist jenes Kapital, das dem Unternehmen dauerhaft zur Verfügung steht. Außerdem gibt es einen eigenen Kapitalerhaltungspuffer von zumindest 2,5 Prozent. Dieser Puffer muss wiederum aus hartem Kernkapital bestehen. EU-weit wurden einheitliche Liquiditätsanforderungen bestimmt. Und nicht zuletzt gibt es Vorschriften für Vorstände und Aufsichtsräte, die der realen Situation eher Rechnung tragen. Dies alles geht unter dem Stichwort „Single Rule Book" in die EU-Geschichte ein.

Es war die erste unmittelbar geltende EU-Verordnung dieses Ausmaßes, die keiner nationalen Umsetzung mehr bedurfte, die also sofort in allen Mitgliedsländern galt.

Noch ein wichtiger Hinweis: Was uns in die Finanzkrise getrieben hat, war eine neue Form des Kapitalismus, die dem Loslösen der Finanzwirtschaft von der Realwirtschaft nichts mehr entgegensetzte. Im Gegenteil: Plötzlich entdeckten auch mittelständische Unternehmen den Kapitalmarkt und zockten kräftig mit. Häufig erzielten sie durch Risikopapiere einen schönen Teil des Betriebsergebnisses, das heißt: Wenn die operativen Geschäfte mal nicht so gut liefen, konnte das durch die Investition in die Papiere zumindest kurzfristig wettgemacht werden und täuschte kurzfristig auch über operative Probleme hinweg. Auch in diesem Sinne wirkte die Krise destabilisierend auf die gesamte Wirtschaft.

Basel III ist ein neuer Versuch, dieses Ungleichgewicht mit untauglichen Mitteln auszubalancieren. Denn die Banken unterliegen immer mehr dem Zwang, sich mit allen Mitteln Eigenkapital beschaffen zu müssen. Die Erhöhung des Eigenkapitals verschärft also das Problem der Banken, sich Geld zu beschaffen, und löst es nicht.

Aus heutiger Sicht kann man den Schluss ziehen: Neue Regeln sind okay, sie müssen aber der Realwirtschaft gerecht werden und dürfen nicht zu einer noch größeren Destabilisierung beitragen.

Die USA waren übrigens erste Befürworter der Baseler Regeln. Der Schönheitsfehler: Bis heute fühlen sich die USA nicht verpflichtet, das Regelwerk anzuwenden. Man mag das kritisch hinterfragen, jedoch muss man den USA in einem entscheidenden Punkt recht geben: Basel hat noch nicht bewiesen, dass eine höhere Eigenkapitalquote per se das Beste ist. Es ist sehr wohl richtig, dass ein Unternehmen besser dasteht, wenn diese Quote hoch ist. Das ist aber sehr theoretisch.

Wenn ich auf den Kapitalmarkt gehen und zocken muss, um die strengen Vorgaben einzuhalten, bedeutet dies keine Stabilisierung des Systems, sondern vielmehr das Gegenteil.

Wie kann das System wieder ausbalanciert werden? Früher hat die Politik langfristige Vorgaben gemacht und mitdirigiert. Heute ist das Primat der Finanzmärkte augenscheinlicher denn je. Das hängt natürlich mit der Globalisierung zusammen. Zu oft verliert sich die Politik aber auch, wie bereits aufgezeigt, in Detailfragen, das große Ganze ist aus dem Blickfeld geraten.

Wenn sich die Politik wieder langfristige Ziele setzt, kann die Balance wiederhergestellt werden – abseits von Wahlen oder sonstigen kurzfristigen Verbiegungen.

Wie geht es jetzt konkret weiter? Die EZB prüft die 130 größten Institute per Stresstests. Und die Banken schwitzen. Dabei hat Direktoriumsmitglied Jörg Asmussen im September 2013 im *Spiegel* erklärt: „Dieser Test ist keine Bedrohung, sondern nach zwei gescheiterten Stresstests die letzte Chance, das Vertrauen in das europäische Bankensystem wiederherzustellen."

In einem Vergleich zeigt das Magazin auf: In den Jahren 2011 und 2012 haben die Banken in Europa rund 80 Milliarden Euro an Verlusten eingefahren, während die Banken in den USA wieder Gewinne verbuchten. Die Schweizer haben die UBS gerettet, und das zahlte sich aus: Die Regierung hatte eine Pflichtwandelanleihe aufgelegt und konnte sie nach fünf Jahren mit einem Gewinn von 1,2 Milliarden Franken verkaufen.

In Europa will jetzt die EZB dafür sorgen, dass sich die 130 systemrelevanten Banken in Europa besser für die Zukunft rüsten.

Systemrelevant bedeutet in etwa dasselbe wie „too big to fail". Diese Banken sind zu groß, um sie fallen lassen zu können. Denn ihr Fall würde nicht nur das Finanzsystem, sondern die Wirtschaft insgesamt erschüttern. Systemrelevant können aber auch kleinere Banken sein, die in einem regionalen Umfeld für die Wirtschaft so wichtig sind, dass man sie nicht fallen lassen kann oder will.

Es ist nicht einzusehen, dass sich die meisten Staaten in der EU noch immer eine Hintertür offen halten wollen für den Fall, dass eine Bank auf ihrem Territorium wirtschaftlich scheitert. Das trägt unnötig dazu bei, das europäische Finanzsystem in der Schockstarre verharren zu lassen, in der es sich praktisch seit dem Ausbruch der Krise 2008 befindet. Es ist an der Zeit, die Dinge anzugreifen und zu erledigen. Das Zaudern hängt auch mit der Einsicht zusammen, dass manche Institute beim Stresstest schlecht abschneiden oder vielleicht auch ganz durchfallen könnten.

Was kann man sich unter einem Stresstest vorstellen? Unter dem Titel „Bei den Stresstests sieht man, wie viel eine Bank aushält" gewährte Gerhard Fabisch, Vorstandschef der Steiermärkischen Sparkasse, mir im Juli 2009 in einem Gespräch für das *Wirtschafts-Blatt* Einblick in die Funktion eines solchen Tests.

„Stellen Sie sich vor, Sie haben eine Wohnung um 2000 Euro pro Quadratmeter gekauft und der Wert sinkt plötzlich auf die Hälfte." Das ist nur ein mögliches Szenario, das eine Bank durchrechnen könnte, um ihr Immobilienportfolio und das ihrer Kunden zu stressen.

Es werden also diverse Szenarien durchgespielt, um zu zeigen, wie stressresistent das Institut gegen mögliche Ausfälle ist. Stresstests führen Banken schon seit Längerem durch. Bis Ende der 1990er-Jahre waren die Risiken der österreichischen Banken laut Fabisch aber eher begrenzt: „Gerade im Wertpapierbereich haben die Institute mit Bundesanleihen und Pfandbriefen relativ geringes Risiko gehabt. Das hat sich Ende der 1990er-Jahre geändert."

Die Gründe: zum einen die Expansion ins Ausland, zum anderen das sehr aktive Wertpapiergeschäft. Und es entstanden Risiken, die es früher nicht gegeben hat. Mit den gestiegenen Anforderungen der Eigenkapitalrichtlinien durch Basel II wurden zwar mehr Risiken abgedeckt, „aber nicht die Korrelation der Risiken zueinander, beispielsweise wie wird der gestiegene bzw. gefallene Schweizer Franken auf das Ausfallrisiko von Kundenkrediten durchschlagen? Hier setzt der Stresstest an".

Ein Stresstest läuft folgendermaßen ab: Zuerst erfolgt die Risikotragfähigkeitsprüfung. Dabei stellen die Banken die Summe der Risiken dem Eigenkapital respektive den stillen Reserven gegenüber. Das Worst-Case-Szenario lautet: Wenn alle Risiken gleichzeitig schlagend werden, könnte die Bank dann alle Risiken aus dem Eigenkapital tragen? Lautet die Antwort Nein, sollte der Bankvorstand das Risiko reduzieren oder frisches Eigenkapital hereinholen, so Fabisch. Jede Bank kann dieses Risiko selbst festlegen, der Vorstand ist bloß verpflichtet, das Risiko im angemessenen Rahmen zu halten. In der Sparkassengruppe gibt es eine Festlegung, nach der sämtliche Risiken 70 Prozent des Eigenkapitals nicht übersteigen sollten, sagt der Topbanker.

Wie schaut der Stress im Detail aus? Beim eigentlichen Stresstest versuchen die Banken zu simulieren, wie veränderte Rahmenbedingungen – etwa 9/11 oder die Russlandkrise, aber auch ein rezessives Umfeld – die Bankbilanz beeinflussen würden und wie die Bank bei bestimmten Veränderungen reagiert.

„Man kann eine Sache so lange stressen, bis sie bricht", meint Fabisch – und hat selbst diverse Szenarien für seine Bank durchtesten lassen: vom Kreditrisiko über Immobilien, Währungen, Fremdwährungskredite bis hin zu Veranlagungsprodukten.

„Der Stresstest geht davon aus, dass z. B. der Schätzwert nicht zurückkommt, der Fremdwährungskurs sich verändert oder die Ausfallwahrscheinlichkeit durch eine Wirtschaftsrezession ansteigt", stellt der Banker klar und nennt ein Szenario bei Fremdwährungen: Verfällt der Franken um zwölf Prozent und der Yen um 30 Prozent, prüft die Bank, wie sich das auf den Kunden auswirkt. Auch unterschiedliche Entwicklungen von Tilgungsträgern kann man simulieren und die Konsequenzen für die Qualität des Kreditportfolios errechnen, z. B. bei einer 20-jährigen Veranlagung und einer Rendite von 4,5, von 3,5 oder 2,5 Prozent pro Jahr. Im Stresstest erweist sich, was eine Bank aushält.

„Mit einer Messung kann man eine bessere Einschätzung für die Risikosensibilität der Bank bekommen, man hat aber dennoch nicht jedes Risiko im Griff", mahnt Fabisch.

Letztendlich hängt also vom Stresstest die Beurteilung ab, ob eine Bank einer nächsten Krise standhalten kann. Wer durchfällt, ist nicht mehr dabei. Und das treibt die Angst unter den Bankern um. Versehen mit einer schlechten Note, lässt sich nur schwer neues Geld beschaffen. Die Banker müssen schließlich ein Kapital-Polster aufbauen. Bekommen sie kein Geld mehr geliehen, wird es eng für sie. Die Banken werden entsprechend versuchen, sich noch vor Bekanntwerden der Noten aus dem Stresstest notwendiges Eigenkapital zu besorgen. Der *Spiegel* zitierte im September 2013 Hochrechnungen der Deutschen Bank, wonach sich ein Kapitalloch von europaweit 16 Milliarden Euro auftun könnte, andere Experten rechnen mit weit mehr.

Zur besseren Übersicht: Während die USA Gewinne aus den Notverstaatlichungen ihrer Banken erzielen konnten, haben die Staaten in Europa vor allem Geld ausgegeben. Von 2008 bis 2011 stellten sie ihren Instituten insgesamt 3,2 Billionen Euro zur Verfügung – entweder über Garantien oder Eigenkapital. Das *Wiesbadener Tagblatt* zitierte im September 2013 eine Studie des Instituts der deutschen Wirtschaft (IW), die zu folgendem Schluss kommt: Gerade jene Eurostaaten haben die Finanzkrise verhältnismäßig schnell überwunden, die „ihre Problembanken konsequent abgewickelt haben – wie Deutschland und Österreich".

Ganz so positiv wie das IW die Lage beurteilte, ist sie leider nicht. Insgesamt stehen beide Staaten im Sommer 2014 noch für sehr viel

Geld gerade, das die Banken auf ihrem Staatsgebiet verzockt hatten. So nennt die Zeitung rund 21,5 Milliarden Euro, die der 2008 entstandene Sonderfonds Finanzmarktstabilisierung (Soffin) bis Ende 2012 angehäuft hatte.

„Zudem pumpten viele Bundesländer etliche Milliarden in ihre Landesbanken", so die Zeitung weiter. Und sie schließt mit den aussagekräftigen Worten: „Was davon letztlich hängen bleibt, kann seriös derzeit niemand sagen."

Wie wir bereits vernommen haben: Die Krise traf Landesbanken ebenso stark wie Geschäftsbanken. Dem liegt nicht nur das Geschäftsmodell, im Fall der Geschäftsbanken mit großer Investmentabteilung, zugrunde, sondern auch der unsinnige Versuch, als Regionalbank im Casinospiel der Weltfinanz mitspielen zu wollen. Was blieb, ist das Misstrauen gegenüber Banken, Bankern und dem ganzen Finanzsystem.

„Wir müssen wieder Vertrauen in die Institution Bank erlangen", sagt Willibald Cernko. Auch an die Aufsicht und Politik kann sich der Topbanker „einen Querverweis Richtung Hypo Alpe Adria nicht verkneifen. Die Politik hat die Banken rechts überholt, wenn es darum geht, das Vertrauen mit Füßen zu treten".

Angesprochen hat er damit die geschilderte rechtlich kaum zulässige Einbindung von Anleihegläubigern mit Landesgarantie bei der Hypo.

Vertrauen wird z. B. geschaffen, wenn die Aufsicht besser funktioniert. Die Bankenunion macht diese europäischer. Die bessere Koordinierung sollte dazu beitragen, dass Probleme einzelner Banken früher erkannt werden und die Aufsicht rascher eingreifen kann.

Die Union sollte generell zu einer Entpolitisierung der nationalen Behörden führen. Hier ist sicher der Wunsch Vater des Gedankens, aber man muss sich viele solcher Ziele setzen, um zumindest einen großen Teil davon zu erreichen.

Vertrauen basiert auch auf Regeln. Wie diese aussehen und angewandt werden, darf nicht nur die reine Regulierungswut bestimmen. Es gab beispielsweise die Idee, den Handel mit Derivaten einzuschränken. Und Bundeskanzlerin Angela Merkel erklärte im März 2010: „Wir sind uns einig, dass wir Finanzspekulationen unterbinden müssen."

Roland Vaubel, Professor für Volkswirtschaft an der Universität Mannheim, schreibt im selben Jahr im *Wirtschaftsdienst* treffend: „Die meisten Politiker scheinen nicht zu verstehen, dass Spekulation eine nützliche Sache ist. Der Spekulant macht sich nicht nur Gedanken über die Zukunft, er handelt auch danach (unter Einsatz seines Vermögens) und legt dadurch seine Einschätzungen für jedermann offen." Umstritten, aber mutig meint der Professor weiter: „Man darf nicht versuchen, die Krankheit (den Irrtum) oder das Fieber (die Krise) dadurch zu bekämpfen, dass man das Thermometer (die Spekulation) verbietet."

Der bildliche Vergleich mag hinken, solange Derivate transparente Mittel zum Finanzaustausch sind, sollten sie erlaubt sein. Denn wie wir bereits gehört haben, sind sie besonders für Termingeschäfte etwa im Getreidehandel wichtig.

Regeln, auf denen Vertrauen basiert, sollten möglichst überall gelten. Hier haben wir noch einen weiten Weg zurückzulegen. So berichtet die *Handelszeitung* im Januar 2014 von einem tiefen Graben zwischen USA und EU. Die Regeln sind nach wie vor uneinheitlich, und es scheint, „dass selbst im Bereich der Finanzregulierung Machtpolitik vor Gemeinwohl geht. Doch dies ist nur ein Teil der Wahrheit. So wirft eine aktuelle Studie ein Schlaglicht auf das Versäumnis der Staats- und Regierungschefs der G20, einen widerspruchsfreien, praktikablen Fahrplan zur Umsetzung der in der Folge der Finanzkrise 2008 angekündigten Finanzreformen festzulegen."

Passiert ist zu wenig. Das führt die *Handelszeitung* auf die Behörden zurück: „Seit rund einem Jahrzehnt fordern die Staats- und Regierungschefs die Regulierer immer wieder auf, wichtige Fragen wie die Eigenkapitalanforderungen sowie weitere Probleme wie Over-the-Counter-Derivate und Reformen bei der Bonitätsbewertung in Angriff zu nehmen. Doch die Zuständigen schalteten und walteten mehr oder weniger nach eigenem Ermessen".

Und jetzt müssen wieder die Politiker ran. Die sogenannten Over-the-Counter-Derivate werden praktisch außerbörslich gehandelt und unterliegen damit weder transparenten Regeln noch besonderer Aufsicht. Hier zeigt sich erneut die unterschiedliche kulturelle Herangehensweise. Die unabhängigen Behörden in den USA agieren nach parlamentarischen Vorgaben rasch. In Brüssel muss erst die Maschinerie der gesetzgebenden Akteure – Europäische Kommission, Europäischer Rat und Europaparlament – die Regulierungsagenden festlegen und die Regeln verfassen. Das dauert.

„Es fehlen geeignete Hilfsmittel für eine Finanzdiplomatie", schreibt die Zeitung. Konkret: Die Politik kommt mit der Dynamik an den Märkten schon lange nicht mehr mit und muss nun einen Weg finden, schneller und vereint zu agieren.

Nun wollen Politiker in den USA und Europa neue Instrumente entwickeln, „um Ländern zu helfen, nicht nur die bestehenden Normen einzuhalten, sondern zusammenzuarbeiten, um diese Normen zu verbessern. Ob sie nun im Rahmen der Verhandlungen der transatlantischen Handels- und Investitionspartnerschaft oder auf informeller Basis umgesetzt werden: Die Programme zur wechselseitigen Anerkennung und zur Bestätigung der Gleichwertigkeit sollten robuster werden, und sie sollten Verfahrensmechanismen zur zeitnahen Koordinierung der Regelsetzungs- und Verwaltungsprozesse umfassen".

Ich bin der Meinung, dass Gespräche über eine verbesserte Regulierung der Finanzmärkte wieder aufgenommen werden sollten. Und nicht zuletzt sollte über eine Finanztransaktionssteuer nachgedacht werden. Eine solche hätte mehrere Vorteile: Sie würde den ungebremsten Handel mit riskanten Papieren eindämmen, und die Kosten für Staaten und Banken würden gesenkt. Das ist dringend nötig, um die Verschuldungskette aufzubrechen.

Dafür braucht es frisches Geld, und das soll über die Transaktionssteuer gewonnen werden. Thomas Fricke, Chefökonom bei *Gruner + Jahr Wirtschaftsmedien* und Leiter des Internetportals

WirtschaftsWunder, sieht in dieser Steuer eine Lösung des Problems der prozyklischen Märkte. Er fordert, Eigenkapitalquoten der Banken antizyklisch anzupassen.

Grundsätzlich verstärken Banken die prozyklische Dynamik an den Märkten. Das heißt: Wenn die Märkte stark steigen, gibt es im Bankwesen die Tendenz der steigenden Eigenkapitalquoten, bei fallenden Märkten entsprechend fallende Eigenkapitalquoten. Diese prozyklische Dynamik gilt es zu durchbrechen. Das will etwa der Baseler Ausschuss mit dem neuen Regelwerk erreichen.

Fricke geht noch weiter: Neben einer Finanztransaktionssteuer fordert er im *Wirtschaftsdienst 2010* „deutlich höhere Eigenkapitalquoten und ein neues Weltwährungssystem" und hält beide für „die geeignetsten Mittel, um für stabilere Verhältnisse zu sorgen. Dann sollte die Regulierung antizyklische Mechanismen einsetzen, die mit einfachen Regeln den Überschwang automatisch bremsen könnten".

In steigenden Märkten setzt die Masse umso mehr auf die aktuellsten Trends, was Blasen entstehen lässt. Alle laufen dem Gleichen hinterher.

„Das heißt, dass allein die Reduzierung der stark spekulativ betriebenen Geschäfte entsprechend dämpfend auf das Über- und Unterschießen von Kursen wirken müsste", folgert Fricke. Und: „Eines der effizientesten Mittel, um dies zu erreichen, dürfte eine vergleichsweise geringe Besteuerung der Finanztransaktionen sein."

Vor allem der sogenannte Hochfrequenzhandel sei unrentabel, er setze auf kleine Margen, die auch mit einer vergleichsweise geringen Steuer auf Transaktionen verschwinden würden. Das würde laut Fricke dazu führen, dass mehr reale Investitionen abgewickelt werden würden. Und weniger Luftgeschäfte.

Gegner der Transaktionssteuer fürchten den steuerlichen Wettbewerb und die sofortige Abwanderung von Liquidität aus Märkten, die eine Transaktionssteuer eingeführt haben. Deshalb kann eine solche Steuer auch nur funktionieren, wenn alle Staaten weltweit sie einführen. Es mag unrealistisch klingen, aber auch hier muss am besten die ganze Welt ins Boot geholt werden, damit kein Geld mehr abfließen kann. Nirgendwohin.

Damit Sie nicht glauben, die böse Welt läge draußen in den Steueroasen und Zockerparadiesen: Auch in Deutschland hat sich ein grauer Markt gebildet, der sich sehen lassen kann.

Neben dem weißen Kapitalmarkt, der staatlichen Regeln unterliegt, gibt es den grauen Markt, der sich zwischen dem schwarzen, illegalen Markt und dem weißen auf wackligen Beinen bewegt. Dazu können Immobiliengeschäfte ebenso gehören wie Diamantenhandel. Diese Veranlagungen werden meist per Post und Prospekt oder E-Mail verschickt.

Focus hat im Juni 2014 unter dem Titel „Deutschland, ein Zockermärchen" beschrieben, wie Hunderttausende Anleger auf dem grauen Markt investieren.

„Dort wird kaum kontrolliert – und viel betrogen. Doch auch Banken vertreiben Hochrisikoprodukte. Jetzt will die Regierung die schlimmsten Auswüchse stoppen."

Das Beispiel zeigt, wie leichtgläubig Kunden immer noch viel Geld für wenig Sicherheit aus der Hand geben, an die große Rendite glauben und auf die Nase fallen. So hat der Geschäftsführer eines mittelständischen Unternehmens 500.000 Euro kurzfristig anlegen wollen, „mit ordentlicher Rendite, aber auf gar keinen Fall riskant. Das Geld gehöre ihm nicht privat – es handle sich um die Finanzreserven seiner Firma. Keine Sorge, antwortete die Beraterin, sie habe da genau das Richtige für ihn: Orderschuldverschreibungen des Dresdner Investmenthauses Infinus. Die würden schon nach 90 Tagen zurückgezahlt, zusammen mit einer üppigen Verzinsung von 6,5 Prozent. Das Dresdner Unternehmen sei grundsolide, die Bundesanstalt für Finanzdienstleistungsaufsicht (BaFin) überwache sämtliche Geschäfte".

Ein Jahr später sitzt Infinus-Gründer Jörg Biehl im Untersuchungsgefängnis. Sein mittlerweile insolventes Firmengeflecht hatte insgesamt eine Milliarde Euro von Zehntausenden Anlegern eingesammelt. Die Staatsanwaltschaft stellte das Geschäft so dar: Die Infinus-Gruppe benutzte das frische Geld der Neukunden, um die Zinsen ihrer Wertpapiere zu zahlen. Bis das Schneeballsystem letztendlich kollabierte.

„Schon jetzt gilt das Dresdner Infinus-Desaster als größter Kriminalfall auf dem sogenannten grauen Kapitalmarkt", schreibt *Focus*. Dort gebe es nicht nur Kriminelle, sondern „auch mehr oder weniger reguläre Verkäufer von Fondsanteilen, Genussscheinen, Firmenanleihen und exotischen Edelmetallgeschäften. Die Bundesregierung will den schlimmsten Wildwuchs jetzt beschneiden".

Die BaFin soll künftig verdächtige Firmen prüfen, überhaupt soll das ganze System transparenter gestaltet werden. Bisher gab es keine Kontrolle darüber, ob die diversen Geschäftsmodelle überhaupt funktionieren.

„Der deutsche Graumarkt zählt deshalb zu den größten und wildesten weltweit. Anleger, frustriert von dürftigen Bankzinsen, schaufeln Milliarden von ihren privaten Konten in die finanzielle Hochrisikozone", beschreibt das Magazin die Gier der kleinen Leute. „Die angeblichen fünf bis acht Prozent Rendite für Anleihen, Genussscheine oder Schuldverschreibungen üben offenbar eine magische Wirkung aus."

Demgegenüber sei der Aktienmarkt vergleichsweise sicher. Den meiden die Deutschen aber nach wie vor wie der Teufel das Weihwasser. Auch scheinbar solide Genussscheine und Anleihen mittelständischer Firmen erwiesen sich für Zehntausende Kleinanleger als Falle.

„Die 75.000 Käufer von Genussscheinen des mittlerweile insolventen Windkraftunternehmens Prokon können froh sein, wenn sie irgendwann noch etwa die Hälfte ihres Einsatzes zurückbekommen", formuliert *Focus* trocken. Leider ist das die Wahrheit. Den Anlegern fehlt oft grundlegendes Wissen. Viele brauchen nur das Wort BaFin zu hören, und schon glauben sie, alles sei bestens. Viele Anleger hielten bereits die oberflächliche formale BaFin-Prüfung von Graumarkt-Prospekten für ein Gütesiegel, das dem Geschäftsmodell gilt, sagt der Münchner Rechtsanwalt Stephan Greger im *Focus*.

Man denkt sich angesichts solcher Beispiele oft: Wir hätten doch als Anleger merken müssen, dass mit den Angeboten etwas nicht stimmt. Leider legt sich im Menschen bisweilen ein Schalter um, wenn er glaubt, den ultimativen Weg zu schnellem Reichtum ohne hohen Einsatz gefunden zu haben. Der Einsatz kann sich am Ende höher erweisen als der Gewinn. Auch das ist Teil der Euphorie einer geweckten Gier, die keineswegs vorbei ist.

Das deutsche Bundeskriminalamt schätzt übrigens die versickerten Gelder am grauen Markt in Deutschland auf 20 bis 25 Milliarden Euro pro Jahr.

VI.

HAUS-
AUFGABEN
MACHEN

„Bilanzrisiken als Black Box" titelte die *Neue Zürcher Zeitung* im April 2014 eine Story, die auf die aktuellen Zahlen von Credit Suisse und UBS einging. „Die Großbanken UBS und Credit Suisse versuchen, mehr Transparenz zu schaffen. Banken versuchen neuerdings, die Veränderungen bei ihren risikogewichteten Aktiva der Öffentlichkeit besser zu erklären. Damit soll dem Verdacht des Kleinrechnens von Risiken entgegengetreten werden."

So ganz konnte der Verdacht bislang jedoch nicht entkräftet werden.

Besonderes Augenmerk legte die Zeitung nicht nur auf die Gewinnentwicklung, sondern auch auf den Fortschritt beim Abbau von Risiken, und lobte: „In ihrem Mitte März veröffentlichten Geschäftsbericht 2013 zeigt die UBS auf, welche Form die Berichterstattung künftig annehmen wird. Das ganze Kapitel Risiko-, Bilanz- und Kapitalbewirtschaftung ist nämlich darauf ausgerichtet, die Empfehlungen der Enhanced Disclosure Task Force (EDTF) umzusetzen. Das äußert sich beispielsweise im Versuch, die Entwicklung der risikogewichteten Aktiva zu erklären."

Zum Hintergrund: 2012 hatten G7 und G20 den Finanzstabilitätsrat (FSR) gegründet und dieser wiederum die Arbeitsgruppe EDTF ins Leben gerufen. Diese entwickelt Prinzipien für verbesserte und international vergleichbare Zahlen mit Blick auf die Marktbedingungen und Risiken. Der FSR soll die Arbeit der nationalen Finanzbehörden und der internationalen Rechnungslegung koordinieren und gemeinsame Vorgehensweisen bei Regulierung und Aufsicht entwickeln. Der FSR überwacht de facto die globale Finanzstabilität.

Das Konzept der Risikogewichtung von Aktiva war mit der Finanzkrise in Verruf geraten: „Und Banken, die ihre risikogewichteten Aktiva (RWA) mit eigenen Modellen berechnen, kamen unter Generalverdacht, die Risiken klein zu rechnen. Dies, weil die Höhe der RWA mitbestimmt, mit wie viel Eigenkapital die einzelnen Positionen zu unterlegen sind: je geringer die RWA, desto geringer die regulatorischen Eigenkapital-Anforderungen", so die *Neue Zürcher Zeitung*. Die Finanzkrise habe die Schwäche dieses Ansatzes schonungslos offengelegt. „Die Eigenkapitalpuffer der Banken erwiesen sich als viel zu gering, um die Verluste zu absorbieren. Die bankeigenen modellbasierten Risikoberechnungen unterschätzten das Verlustpotenzial bestimmter Finanzinstrumente grob, ob absichtlich, um weniger Eigenkapital halten zu müssen, oder aus Unvermögen, sei dahingestellt."

Die Arbeitsgruppe erarbeitete Empfehlungen für eine bessere Offenlegung der Risiken. Die Großbanken sollten sich den Empfehlungen freiwillig unterwerfen. Und die UBS hat ihre Hausaufgaben klar erledigt, ist die *Neue Zürcher Zeitung* überzeugt: So enthalte der Geschäftsbericht 2013 eine Übersicht über die wichtigsten Veränderungen bei den RWA gemäß Basel III. Die Veränderungen werden nach Risikoart (Kreditrisiko, Marktrisiko, operationelles Risiko) und Geschäftsbereich ausgewiesen.

„Helfen diese Aufstellungen nun tatsächlich, den Verdacht des Kleinrechnens von RWA zu entkräften?", fragt Martin Lanz, der Autor des Artikels. Und kommt zum Schluss: „Zum Teil."

Die angewandten Veränderungen schlagen bei der UBS mit vier Milliarden Franken zu Buche. Darin seien sowohl bankinterne als auch extern vorgeschriebene regulatorische Änderungen enthalten. Es seien jedoch weitere Erklärungen nötig, „damit die zusätzlichen Informationen wirklich Mehrwert schaffen".

Ein Mehrwert liegt auch im Vertrauen, das wiederhergestellt werden muss. Dazu bedarf es Regeln, die aber den Banken die Luft zum Atmen lassen müssen, sodass sie ihren Auftrag als Geldvermittler erfüllen können. Das Losungswort muss dementsprechend lauten:

Transparenz, Transparenz, Transparenz. Gleichzeitig sollte kein Wettbewerb zwischen Behörden entstehen, sonst bleibt eine Hintertür für intransparente Papiere offen.

Die Banken erfanden also Zweckgesellschaften, in die sie Kredite auslagern konnten und somit nicht mehr mit Eigenkapital unterlegen mussten. Allerdings haben die Banken sehr wohl Kreditzusagen an die Zweckgesellschaften gemacht – für den Fall, dass jene diese Papiere nicht absetzen können sollten.

Daraus kann man folgenden Schluss ziehen: Man muss beim Eigenkapital ansetzen und diesem besonders große Bedeutung zumessen. Das muss auch im Fall von Gesellschaften der Fall sein, die toxische Papiere vertreiben. Auf diese Weise wird für Stabilität gesorgt und das Risiko gestreut. Im Übrigen sollten auch Hedgefonds Kreditverbindlichkeiten offenlegen müssen, Stichwort Transparenz.

Grundsätzlich muss uns klar sein: Es ist ein Trugschluss zu glauben, dass wir in Zukunft auf Kreditverbriefungen verzichten können. Umso wichtiger ist es, diese in geordnete Bahnen zu lenken.

Die Asset Backed Securities (ABS) waren und sind nichts anderes als Anleihen, die ihrerseits mit verschiedenen Arten von Kreditforderungen abgesichert sind. Das können Hypotheken für Unternehmen oder Private sein. In der Krise verwandelten sich diese Papiere großteils zu Ramschpapieren, weil die Sicherheiten, die dahinterstanden, nach und nach an Wert verloren bzw. ganz ausfielen. Zum anderen können Banken Risiken durch Ausgliederung von bestimmten verbrieften Krediten diversifizieren und damit vermindern.

Für die Banken ist es günstiger, sich zu refinanzieren. Sie müssen sich Geld beschaffen, um es an die Wirtschaft im Zahlungsverkehr und in Form von Krediten weiterzugeben. Darauf werden sie auch in Zukunft nicht verzichten können. Geschäfte zur Absicherung von Krediten kann man nicht verbieten, über zentrale Clearingstellen könnte man sie aber besser kontrollieren, schlägt Stefan Grundmann in *Finanzkrise und Wirtschaftsordnung* 2009 vor.

Lassen wir die Zahlen sprechen: In der zweiten Hälfte 2007 gab es weltweit rund 600 Billionen Dollar an ausstehenden Derivaten. Gleichzeitig lagen die Credit Default Swaps (CDS), die zur Absicherung eines Zahlungsausfalls eines Kreditnehmers abgeschlossen wurden, bei einem Volumen von rund 60 Billionen Dollar. Zum Vergleich: Das weltweite Bruttoinlandsprodukt (BIP) belief sich laut Weltbank zu dem Zeitpunkt auf 55 Billionen Dollar. Dass hier eingegriffen werden muss, ist naheliegend.

Was tun mit den Schattenbanken, also den Hedgefonds, Geldmarktfonds, den Zweckgesellschaften, die bankähnliche Geschäfte betreiben, ohne eine Banklizenz zu besitzen? Werner Heun, Direktor des Instituts für Allgemeine Staatslehre und Politische Wissenschaften an der Juristischen Fakultät der Universität Göttingen, schlägt in der *Juristen-Zeitung* im Januar 2010 vor, die Eigenkapitalanforderungen auf ausgelagerte Zweckgesellschaften der Banken und Hedgefonds und Konsorten anzuwenden. Das sei in Spanien und Italien schon der Fall, „während sich vor allem die deutschen Landesbanken durch die Auslagerung und die Folge, dass diese Ausgründungen nicht bilanziert werden mussten, in die Schieflage manövriert haben. Es dürfte sich sogar empfehlen, auch die Hedgefonds insgesamt zu regulieren und ihnen bestimmte – eventuell geringere als Banken – Eigenkapitalquoten aufzuerlegen, auch wenn dies geringere Priorität als die Bindung der Banken einschließlich ihrer Ausgründungen an die Eigenkapitalanforderungen genießt".

Warum er nicht deutlicher eine stärkere Regulierung der Schattenbanken fordert, ist nicht klar. Schließlich ist die Finanzkrise gerade auf diese Gebilde zurückzuführen. Zumindest fordert aber auch Heun mehr Transparenz.

Er unterstreicht gleichzeitig die vielfach stabilisierende Funktion von Derivaten und warnt vor übertriebenem Reformeifer. Heute wissen wir: Den hat es in diesem Bereich ohnehin nicht gegeben. Reguliert wurden nur die an Börsen gehandelten Derivate, die Over-the-counter-(OTS-)Derivate sind praktisch unreguliert. Diese Derivate werden außerbörslich, über individuelle Vereinbarungen gehandelt. Diese Papiere bewegten bzw. bewegen sich also in praktisch unreguliertem Raum.

Andererseits schließt Heun in seinem Aufsatz „Der Staat und die Finanzkrise" ein Verbot einzelner Finanzinstrumente nicht aus: „So spricht viel dafür, die sogenannten Leerverkäufe als Spekulationsinstrument wie auch die Mehrfachverbriefungen, die jegliche Transparenz verhindern, zu verbieten. Schließlich bedürfen auch die Kreditversicherungen (CDS) der Regulierung, da dieser Bereich bisher in den USA wie international völlig unreguliert ist."

Gegen die Intransparenz muss etwas unternommen werden. Solange es für die Produkte keine einheitlichen Qualitätsstandards gibt, können weiterhin Ramschpapiere entstehen, die zu viel Risiko bergen, dies aber gut verstecken – und die Anleger wissen wieder nicht, was sie genau kaufen, außer Versprechen auf eine hohe Rendite. Es ist von höchster Bedeutung, dass die Institute ihre Kreditportfolios besser überprüfen. Die Ratingagenturen haben schon bewiesen, dass sie das allein nicht schaffen.

Folgerichtig benötigen Ratingagenturen eine internationale Kontrolle. Und sie müssen zur Verantwortung gezogen werden, wenn sie krasse Fehleinschätzungen abgegeben haben. Bisher wurde keine einzige Ratingagentur wegen eines falschen Ratings verurteilt, allerdings laufen einige Klagen, etwa auch vom italienischen Staat, gegen Mitarbeiter der Agenturen.

„Ein erstes Problemfeld sind die Ratingagenturen, denen faktisch durch ihre Bewertungen ein Teil der Finanzaufsicht überlassen worden ist, ohne dass sie ihrerseits kontrolliert wurden. Deshalb bedarf es hier einer Regulierung, die Transparenz herstellt und die Ratingagenturen einer unabhängigen staatlichen oder internationalen Aufsicht unterwirft", schreibt Heun. „Außerdem dürfen die Ratingagenturen nicht von den Verkäufern der Finanzprodukte bezahlt werden und an der Strukturierung der von ihnen bewerteten Papiere beteiligt sein."

Allein aus diesem Zitat lässt sich ablesen, was alles möglich war und großteils noch immer ist.

Regeln waren vorhanden, die Welt stark vernetzt. Und trotzdem gab es jede Menge Schlupflöcher, um die Regeln zu umschiffen. Ein Faktor ist sicher die Zeit. Die Bankenaufsichten waren infolge der vielen neuen Finanzprodukte, die findige Köpfe immer rascher auf den Markt warfen, überfordert. Informationen über die neuen Kunstprodukte sind in den meisten Fällen vermutlich auch intern zu langsam weiterkommuniziert worden. Keine Rede von Transparenz.

Zudem muss man bedenken, dass weder Ratingagenturen noch Hedgefonds zur Genüge im Regelwerk abgebildet waren, obwohl sie über eine so große Macht verfügten. Das heißt: Viele Regeln, die für Banken galten, waren für die beiden anderen Akteure irrelevant, was mit dazu beitrug, dass Risiken unterschätzt wurden bzw. zum Teil sogar volles Risiko in Kauf genommen wurde. Man mag zu den Ratingagenturen stehen, wie man will, sie gelten nach wie vor als halbwegs sichere, in den Augen mancher sogar als die sicherere „Bank".

Banken muss man an die Kandare nehmen, man soll sie aber nicht strenger regulieren als andere Unternehmen. Auch Banken haben Eigentümer und Aktionäre, die eine Dividende sehen wollen. Dafür müssen die Banken Gewinne erzielen. Das ist vollkommen legitim.

Die Regulierung sollte möglichst einfach und transparent sein. Das heißt: Wenige nachvollziehbare Messgrößen sind heranzuziehen, wie etwa der maximale Verschuldungsgrad und das unterste Limit des Anteils an Eigenkapital an der Bilanzsumme. Zu überlegen wäre auch, besonders spekulative Geschäfte mit besonders viel Eigenkapital zu unterlegen. Gleichzeitig müssen die Stresstests verbessert werden – Banken hatten und haben Verluste häufig unterbewertet. Nicht zuletzt sind mehr Liquidität und Eigenkapital gefragt.

Im September 2009 beschlossen die Regierungen der G20-Staaten das Programm zur Regelung der internationalen Finanzmärkte, um künftige Krisen à la Lehman zu verhindern. Dabei wurden

Eigenkapital, Liquidität, die Vergütungssysteme, Risikomanagement und der Anlegerschutz berücksichtigt. Auf dieser Grundlage entstanden die neuen Eigenkapitalrichtlinien nach Basel III.

Was soll sich mit Basel III ändern? Vor allem sollen die Richtlinien für Eigenkapital noch einmal verschärft werden, Pro und Kontra wurden bereits dargelegt.

Derzeit haben Banken noch um die acht Prozent Eigenkapital, bis zu zwölf Prozent sollen es in den nächsten Jahren werden. Die Finanzinstitute sollen ein großes Auffangkissen für Notfälle und Krisen aufbauen. Dem harten Eigenkapital wird künftig eine tragende Rolle in der Bewertung zukommen, also jenem Kapital, auf das die Bank jederzeit und uneingeschränkt Zugriff hat. Das bedeutet, dass darauf auch keine Verpflichtung zu einer eventuellen Gewinnausschüttung liegt.

Zum Hintergrund: Das Eigenkapital besteht aus Kern- und Ergänzungskapital. Das Kernkapital setzt sich prinzipiell aus eigenen Aktien und einbehaltenen Gewinnen zusammen – ein wichtiges Kapital-Polster für jede Bank, für den Fall, dass es Probleme geben sollte. Daher ist es auch so wichtig, dass dieser Bereich gestärkt wird. Zudem sollen eine Verschuldungsobergrenze und Strafen vonseiten der Aufsicht möglich werden.

Wie wird das Eigenkapital gestärkt? Die derzeit geforderten acht Prozent Eigenkapital werden beibehalten. Künftig müssen mindestens sechs Prozent der Risiken mit Kernkapital unterlegt werden, davon 4,5 Prozent mit hartem Kernkapital. Außerdem verlangt Basel III für unvorhergesehene Risiken einen sogenannten Kapitalerhaltungspuffer in Höhe von 2,5 Prozent der insgesamt anzurechnenden Risiken.

Eine Genossenschaftsbank kann ihre Anteile an der Genossenschaft dem harten Eigenkapital zurechnen, ein öffentliches Institut die Einlagen der stillen Gesellschafter, erläutert das deutsche Bundesfinanzministerium in einer Erklärung von Basel III im November 2010 (unmittelbar nach der Aufstellung der neuen Regeln am 12.9.2010) zum Thema.

Für global systemrelevante Banken hat Basel III zusätzliche Eigenkapitalanforderungen. Je nach Grad der Systemrelevanz ist zusätzliches hartes Kernkapital in Höhe von 1,0 bis 3,5 Prozent der Risikoanrechnungsbeträge schrittweise aufzubauen.

Der Umbau des Eigenkapitals wird sukzessive bis 2019 vorgenommen, wobei der Aufbau des Kapitalerhaltungspuffers und des antizyklischen Puffers jeweils erst ab 2016 einsetzt, schreibt das Ministerium weiter. Ab 2019 setzen die Eigenkapitalanforderungen sich wie folgt zusammen: „Hartes Kernkapital von 4,5 Prozent, zusätzliches Kernkapital von 1,5 Prozent sowie Ergänzungskapital von 2 Prozent (entspricht 8 Prozent); plus einem mit hartem Kernkapital unterlegten Kapitalerhaltungspuffer von 2,5 Prozent (entspricht 7 Prozent an hartem Kernkapital und 10,5 Prozent insgesamt) plus einem variablen antizyklischen Puffer plus einem systemischen Puffer für bestimmte Institute."

Das Ganze kostet die Banken einen Batzen Geld. So hat McKinsey & Co im April 2013 eine Finanzierungslücke von 1,2 Billionen Euro für die europäischen Banken berechnet, wenn die neuen Regeln in Kraft treten. Außerdem rechnet die Studie mit einem Anwachsen der Kosten bis 2018 um 200 Milliarden Euro. McKinsey stützte sich auf Daten der EZB und eigene Analysen. Demzufolge müsste sich der europäische Markt für Unternehmensanleihen ausgehend von rund 900 Milliarden Euro verdreifachen, um die Lücke schließen zu können. Die Banken brauchen also viel Geld, gleichzeitig kommen sie aus einer schweren Krise bzw. befinden sich noch mitten drin.

Kein Wunder, dass die Menschen weltweit aufgebracht waren und sind, angesichts der zum Teil unfassbar hohen Bonuszahlungen, die Banken immer noch an ihre Topverdiener leisteten, auch wenn ein Institut Verluste schrieb. Hier sollte ein System der Verhältnismäßigkeit herrschen.

Gehälter bzw. Boni per Gesetz festzulegen, verspricht wenig Erfolg. In der Krise ist kein Stein auf dem anderen geblieben. Man kann in der Tat von einem demokratischen Erwachen sprechen. Die Leute empören sich, wenn sie Unrecht empfinden.

Anfang 2008 schüttete die UBS trotz herber Verluste Boni in der Höhe von zwölf Milliarden Franken aus. Als der Staat einstieg, drückte die Finanzmarktaufsicht (Finma) die Zahlungen auf 2,2 Milliarden Franken. Erst später wurde bekannt, dass die Finma mit der Rettung der Bank das Recht auf Mitsprache bei den Boni hatte. Dieses Recht hat die Finma nicht mehr. Der Vorstand hat die Altlasten für sich bereinigt und sich im Jahr 2013 eine Gehaltserhöhung von fast 20 Prozent genehmigt, schreibt die *Aargauer Zeitung* im März 2014 in einer Analyse.

Es kann nicht sein, dass Banken vom Staat, sprich Steuerzahler, gerettet werden und die Bonuszahlungen an die Topmanager weiterfließen, als ob nichts passiert wäre. Was private Banken ihren Vorständen zahlen, sollte allerdings ihnen überlassen bleiben. Der Rahmen muss verhältnismäßig sein, dafür sorgen aber bereits die Aktionäre. Wichtig ist also, dass die Regeln zur Eigenkapitalausstattung von Regeln für Manager flankiert werden. Dazu gehört eben auch eine langfristig nachhaltige Entlohnung der Manager, die über sukzessive Auszahlung von Boni auch zur nachhaltigen Unternehmensführung motiviert werden sollen. Ein Modell dazu hat der Zürcher Verhaltensökonom Ernst Fehr entwickelt. Es wird bereits beim Leuchtenhersteller Zumtobel angewandt. Im Geschäftsbericht 2013 heißt es dazu: „Das Vergütungssystem für den Vorstand und das obere Management der Zumtobel AG ist darauf ausgerichtet, dass die Vergütung leistungsgerecht ausfällt. Dazu gehört, dass überdurchschnittliche Leistung einen positiven und unterdurchschnittliche Leistung einen negativen Effekt auf die Höhe der Vergütung des Vorstandes hat."

Dieses Modell könnte man nicht nur auf die Banken-, sondern auf viele Branchen übertragen. Es gewährleistet, dass der Vorstand nachhaltig und langfristig orientiert agiert, denn der Vorstand erhält fixe und variable Gehaltsanteile. Das Fixum wird wie üblich ausgezahlt. Der variable Anteil wird für jedes Vorstandsmitglied einzeln vor dem Geschäftsjahr festgelegt.

„Bei Über- oder Untererreichung des Ziels wird die variable Vergütung im Vergabejahr nach oben oder unten angepasst. Die Höchstgrenze der variablen Vergütung liegt bei 200 Prozent der variablen Zielvergütung", heißt es weiter. Die variable Vergütung beinhaltet kurzfristige und langfristige Komponenten. Dabei wird die kurzfristige „direkt in Cash ausbezahlt". Der langfristige Anteil wird „auf die drei folgenden Jahre verteilt". Aber auch hier gibt es eine klare Regelung: Der Wert der ausbezahlten Tranche wird anhand von Leistung im Vergleich zur Peer Group, also vergleichbaren Branchen, ermittelt.

Besonders innovativ und im Sinne der langfristigen Orientierung eines Vorstands ist jener Passus, der im Falle eines Austritts eines Vorstandsmitglieds festlegt, dass der Vorstand auch die langfristigen Anteile regulär ausgeschüttet bekommt. Das System des Verhaltensökonomen setzt also klar auf die nachhaltige Entwicklung von Unternehmen. Manager wie Politiker müssen mit dem Geld der anderen, sprich des Unternehmens bzw. der Steuerzahler, mit viel Verantwortung und Fingerspitzengefühl umgehen.

Systeme wie das beschriebene sind ein Baustein in eine neue Richtung des Verständnisses für Verantwortung. Folgerichtig muss auch die Haftung für Vorstände und Aufsichtsräte verschärft werden. Gleichzeitig sollte das Primat der Rendite ein Ende finden.

In jedem Fall muss der Anlegerschutz gestärkt werden. Bankberater sollen sich bewusst sein, was sie verkaufen, und dies dem Kunden auch dementsprechend erklären. Es darf nicht mehr passieren, dass bestimmte Papiere als mündelsicher verkauft werden und es in der Realität nicht sind. Dass Einlagen bis zu einer Höhe von 100.000 Euro gesichert sind, ist gut für den Finanzmarkt Europa und seine Anleger. So ist eine bestimmte Sicherheit in Zeiten großer Unsicherheiten gewährleistet. Gleichwohl gibt es einige Problemstellungen, die Staaten bzw. Bundesländer lösen müssen.

Ein Bundesland hätte keine Haftungen für eine Landesbank übernehmen dürfen, und schon gar nicht ohne Beschränkungen. Das haben die österreichischen Politiker selbst nach der Causa Hypo nicht als relevantes Problem erkannt. Immer noch haften einige österreichische Bundesländer mit rund 50 Milliarden Euro für ihre Landeshypos. Das hat ihnen im Juni 2014 einen Tadel der Ratingagentur S&P und einen negativen Zukunftsausblick derselben eingebracht und verursacht den Instituten wieder hohe Refinanzierungskosten am Kapitalmarkt.

Die Benotungen der Ratingagenturen schlagen sich praktisch sofort in der Kreditwürdigkeit von Unternehmen, Staaten und Bundesländern nieder.

Josef Urschitz, Hypo-Experte der *Presse,* schrieb im September 2013: „Wir wissen jetzt ungefähr, wie viel uns die drei Katastrophenbanken Hypo Alpe Adria, Kommunalkredit und ÖVAG an Steuergeld kosten werden: zusammen mindestens 20 Milliarden Euro. Das sind 2500 Euro pro Österreicher oder – umgelegt auf die 2,8 Millionen aktiv Steuer zahlenden Erwerbstätigen – 7100 Euro pro Steuerzahler."

2003 hat die EU das wundersame Mittel der Länder-Geldvermehrung abgeschafft. Der Grund: Wettbewerbsverzerrung. Nur Salzburg und das Burgenland haften nicht mit Milliardensummen für ihre Landesbanken. Das heißt aber auch: Würde eine andere Landesbank Probleme à la Hypo bekommen, müssten wieder die Steuerzahler dran glauben. Urschitz weist auf Landesbanken hin, die in der Vergangenheit bereits Probleme gemacht haben: „Die Tiroler mussten beispielsweise beträchtliche Summen an Landesgeld einschießen, um ihre bei Italien-Zockereien auf die Nase gefallene Landesbank vor Schlimmerem zu bewahren."

Die Länder haben den Landesbanken nicht ganz selbstlos geholfen. Für die Haftungen kassierten sie Provisionen. Wozu verwenden die Länder diese eigentlich?

„Jörg Haider hatte per Landesregierungsbeschluss (unter Komplizenschaft des damaligen Koalitionspartners SPÖ) 2003 und 2004 insgesamt 58,2 Millionen Euro als ‚Vorschuss' auf künftige Haftungsprovisionen aus der Bank gezogen – und damit im Wahljahr 2004 die Landesparteienförderung verdoppelt", schreibt Urschitz und zeigt auf, wie verantwortungslos die sogenannten Verantwortlichen agierten. Dahin gehend ist die Schlussfolgerung nur richtig, dass man den Bundesländern entweder ihre Finanzhoheit nehmen oder sie ganz dafür geradestehen lassen muss. Das hieße dann aber auch: Wenn ihre Finanzen gefährdet sind, würde sie die Republik nicht retten. Das ist in Österreich politisch undenkbar. Einzig der Entscheid der EU, Landeshaftungen nicht weiter zu gewähren, hat neue Haftungen verhindert. Bis 2017 sollten sämtliche von Bundesländern gewährten Haftungen auslaufen.

Auch die allgemeinen Geschäftsmodelle müssen abgeändert werden. Und dieser Wandel muss, wie schon beschrieben, in der gesamten Wirtschaft stattfinden. Ansonsten wären alle von mir aufgeführten Maßnahmen nur ein Tropfen auf dem heißen Stein, an dem man sich schnell die Finger auch ein zweites oder drittes Mal verbrennt. Auch für die Aufsichtsbehörden und Politiker gibt es genug zu tun.

Es ist nicht so sehr die Frage, ob eine Aufsichtsbehörde europaweit zentral geregelt ist oder nicht. Klare Regeln, die möglichst international gelten, wären das Nonplusultra. Die diversen Regeln müssten zusammengeführt werden. Das ist bis heute nicht geschehen.

In den USA ist die Aufsicht in viele Teilorganisationen zersplittert, in Deutschland haben wir die Aufteilung zwischen BaFin und Bundesbank, in Österreich zwischen Finanzmarktaufsicht und OeNB. In der Schweiz wacht die Finma seit 1. 1. 2009 über weite Teile des Finanzsektors und ist eng mit der Notenbank koordiniert.

Eine Zusammenarbeit ist nicht zuletzt aufgrund der Geldpolitik sinnvoll. Zentralismus bringt allerdings nicht immer und überall die erwünschten Erfolge. Für diesen Herbst wird beispielsweise ein Ergebnis aus dem seit Monaten viel zitierten Euro-Stresstest der Banken erwartet. Rund 130 Banken werden auf Herz und Nieren geprüft, ob sie in verschiedensten möglichen und unmöglichen Szenarien dem auf sie zukommenden Stress standhalten können oder in Schieflage geraten. Diese Aufgabe beschäftigt monatelang viele Mitarbeiter in Banken. Das Resultat bleibt leider überschaubar. Statt lokale Begebenheiten vor Ort einzubeziehen, etwa in Deutschland oder Österreich ein mögliches Platzen einer Immobilienblase, werden allgemeinere Kriterien angewandt. Wie die Geschichte lehrt, bilden sich Blasen zuerst lokal, wie die Immobilienblase in den USA vor dem Crash, diese lokalen Krisenherde können sich aber in Windeseile in globale wandeln.

Eine Zentralisierung der Aufsicht kann nicht der Weisheit letzter Schluss sein. Spezifische Elemente vor Ort sollten jeweils auch Mitarbeiter vor Ort im Auge behalten, und das sind jene der nationalen Aufsichtsbehörden. So kann besser verhindert werden, dass sich eine lokale zu einer welt- oder europaweiten Krise ausweitet.

Es bedarf einer engen Zusammenarbeit zwischen den lokalen und europäischen Behörden. Die Organisationsform ist zweitrangig. Sollte es nicht gelingen, diese Kooperation effektiv zu gestalten, dann, aber erst dann muss eine zentrale Organisation geschaffen werden.

„Eine weltweite Lösung durch Vernetzung der Aufsichtsbehörden und einheitliche bzw. angenäherte Überwachungsmechanismen mögen angesichts der Globalität der Zusammenhänge als das Optimum zu sehen sein. Eine Vereinheitlichung und Kooperation auf Gemeinschaftsebene mag jedoch robuster und realistischer ausfallen und daher inhaltlich besser überzeugen. Hätte dies bereits vor Jahren existiert und europaweit eine Eigenkapitalunterlegung der Ausfallgarantie vorgesehen sowie eine Überwachung der Zweckgesellschaften geleistet, wäre die Finanzkrise vermutlich verhindert worden", schlussfolgert Stefan Grundmann.

Man darf ein Problem nicht aus den Augen verlieren: Große Institute agierten über die Grenzen hinweg, wurden aber national kontrolliert. Das gab entsprechenden Raum für eine beliebt gewordene Ausgliederung von Problemen. Dem kann eine internationale Aufsicht entgegenwirken.

Erinnern Sie sich an den Abba-Song „The winner takes it all"? Finanz und Wirtschaft funktionieren nach dem Prinzip: Der Sieger bekommt die gesamte Beute. Wer den höheren Gewinn hat, ist der Sieger. Das hat sich in den vergangenen Jahren auch im Finanzbereich bewahrheitet.

Mit dem Ruf nach maximalem Gewinn geht das Buhlen um die sogenannten Märkte einher. Wenn Sie in einer Zeitung eine Story über ein börsennotiertes Unternehmen lesen, können Sie sicher sein, dass ein paar Mal der Begriff Märkte fällt. Und diese Märkte treiben Unternehmen wie Banken an: zum Gewinn, denn die Aktie muss fliegen.

Nichts gegen Märkte, wenn wir über Börsen reden. Auch sie tragen dazu bei, dass sich Banken jederzeit Geld beschaffen können. Die Märkte versachlichen das eigentliche Geschäft von Banken und Unternehmen genauso wie der Begriff Humankapital die Mitarbeiter. Also bitte: Lassen wir uns nicht von irgendwelchen Märkten treiben. Teil dieser Märkte sind Schattenbanken wie herkömmliche Banken.

Der Staat, die Politiker haben eine wichtige Verantwortung. Sie müssen sich trauen, das System zu verändern, und zu diesem Zweck regulatorisch eingreifen. Das ist das beste Mittel gegen die nun konkretisierten Märkte.

Werfen wir einen kurzen Blick zurück in die 1980er-Jahre: In der Downing Street 10 residierte Margareth Thatcher. Die englische Premierministerin führte das Land mit strenger Hand. Die „Eiserne Lady" war das Vorbild für viele Anhänger der neoliberalen Staatstheorie: Der Staat muss raus aus den Unternehmen und die Wirtschaft den Privaten, also sich selbst, überlassen. Man kann zu dieser Theorie stehen, wie man will, das Gegenteil, der Kommunismus mit seiner übertriebenen Kontroll- und Schutzfunktion in allen Bereichen des Gesellschafts- und Wirtschaftslebens, war auch kein Erfolgsmodell. Doch Thatcher hat frischen Wind in die Denkart des Staates gebracht. Das war gut so. Allerdings war die konservative Politikerin dann doch zu radikal neoliberal. Sie privatisierte auf Teufel komm raus. Der Staat musste sich strikt aller Beteiligungen entledigen. Schließlich arbeitet nur der Private effizient, so die Maxime Thatchers.

Die Geschichte hat gezeigt, wie falsch sie lag. Eisenbahnen zu privatisieren führte am Ende zum Totalschaden. Man kann nicht Schienen an Private verpachten, die nur nach dem maximalen Profit streben.

Naturgemäß versuchen die Unternehmen, in wenigen Jahren den Profit zu steigern, und investieren nicht in den Erhalt und schon gar nicht in die Modernisierung von Schienen, von Waggons und dergleichen. In manchen Bereichen des Wirtschaftslebens sind Privatisierungen einfach eine schlechte Idee.

Die aktuellen Politiker können nur schlussfolgern: Privatisiert, wo es Unternehmen und Staat einen Vorteil verschafft. Lasst aber bestimmte Aufgaben, die Infrastruktur und Energie betreffen, zumindest mit beherrschendem Einfluss des Staates in öffentlichem Besitz. Und traut euch, dafür einzustehen!

Auch bei der Bewertung von Bilanzen und Risiken muss die Politik ihre Hausaufgaben machen. In den 1980er-Jahren hat sich die Bewertungsmethode unter dem Titel des Shareholder Value durchgesetzt, sie legt großes Augenmerk auf die Bewertung künftiger Erträge. Das lässt viel Bewegungsspielraum in den Bilanzen. Die Bildung möglicher Blasen hängt direkt mit dieser fantasievollen Auslegung der Bewertungen zusammen.

Die Politik sollte dafür sorgen, dass Substanz wieder stärker in den Fokus rückt und bei den Bewertungsmethoden Vorrang hat. Die Politiker müssen wieder eine ausgleichende Rolle im System übernehmen und langfristig planen.

„Ein weiteres Moment der Instabilität sind die amerikanisch geprägten Bilanzierungsregeln des International Financial Reporting Standard (IFRS), die für die börsennotierten Unternehmen und Banken in Europa aufgrund von EU-Richtlinien verbindlich sind."

Wissenschaftler Heun zeigt das grundlegende Methodikproblem auf: „Danach gilt das Prinzip des Fair Value oder auch Mark to Market. Dieses Prinzip verlangt, dass die Aktiva der betreffenden Unternehmen stets nach dem aktuellen Marktpreis bilanziert werden müssen, auch wenn die Gewinne oder Verluste nicht realisiert werden, sondern allein buchungstechnisch anfallen. Gleichwohl berechtigen sie zu entsprechenden Gewinnausschüttungen bei positiver Entwicklung, ohne dass dem Unternehmen tatsächlich Kapital zugeflossen ist, sodass bisweilen die Ausschüttungen mit Krediten finanziert wurden. Schon bei normalen Unternehmen wirkt diese Methode prozyklisch, geradezu dramatisch steigert sich dieser Effekt bei Banken angesichts der Hebelwirkung des geringen Eigenkapitals."

Wussten Sie, dass der Begriff IFRS von Wirtschaftsprüfern und anderen Experten gerne im Scherz als „irreführendes Rechnungslegungssystem" bezeichnet wurde und wird? Nicht zu Unrecht. Die EU hat im Oktober 2008 beschlossen, „die Marktwertberichtigungen nach dem Fair-Value-Prinzip zeitweilig auszusetzen, ohne damit das Grundproblem dauerhaft zu lösen".

Auch der Staat ist gefragt: „Zentrale Aufgabe des Staates ist die Ordnung des Wirtschaftslebens durch Rechtsregeln, aber auch die Sicherung des marktwirtschaftlichen Wettbewerbs."

Zu weiteren Aufgaben zählt Heun unter anderem „eine funktionierende Wettbewerbsordnung, die auch eine staatliche Aufsicht einschließt. Das betrifft gerade auch das Bankensystem". Und weiter heißt es: „Unabhängig von den verfassungsrechtlichen Vorgaben folgen die staatlichen Aufgaben im Rahmen einer marktwirtschaftlichen Ordnung aus dem Marktversagen: Der Staat muss die Leistungen erbringen, die vom Markt aufgrund seiner Funktionsbedingungen gar nicht oder nur unzureichend erbracht werden. (…) Das Eingreifen des Staates ist jedoch aufgrund seiner grundlegenden Strukturen ebenso wenig frei von Defiziten. Dem Marktversagen steht ein Staatsversagen gegenüber. Beide Formen des Versagens werden durch die gegenwärtige Finanzkrise drastisch demonstriert."

Markt wie Staat haben also versagt. Heun sagt klar, wer Verantwortung übernehmen muss: „Es handelt sich auch wegen der Komplexität der Probleme vorwiegend um politische Entscheidungen, die verfassungsrechtlich nicht oder wenig vorgeprägt sind."

Wie schaffen wir es, aus dem System der Rentabilitätsfalle auszusteigen? Natürlich braucht es die Rentabilität, die Wirtschaft lebt und wächst damit. Derzeit werden aber Wirtschaft und Erfolg zu einseitig nach diesem Kriterium bewertet. Das gesamte System muss dahin gehend reformiert werden. Funktioniert ein System dauerhaft sehr einseitig, ist es bloß eine Frage der Zeit, bis es kippt. Einen ersten Knick haben wir 2007/2008 erlebt. Noch haben wir die Krise nicht überwunden. Um den nächsten Sturz zu verhindern, müssen sich Aufsichtsbehörden eingehend bemühen, Fehlentwicklungen frühzeitig zu erkennen. Es geht also nicht nur darum, einzelne Banken durchzuchecken, sondern das gesamte wirtschaftliche Umfeld.

Aber auch Topmanager müssen frühzeitig erkennen, wenn sie auf dem falschen Weg sind. Die Unfähigkeit Fehler einzugestehen ist heutzutage der größte Managementfehler. Diese unangebrachte Eitelkeit muss endlich aus den Vorstandsetagen verschwinden. Vorstände müssen stark sein und auch zu ihren Verfehlungen stehen. Topmanager sollen keine Spielbälle von Aufsichtsräten sein, sie müssen ihrem Namen als CEO gerecht werden. Ein Chief Executive Officer muss in erster Linie eine klare Strategie verfolgen, um das Unternehmen zu lenken. Gleiches gilt für den Generaldirektor einer Bank.

Die Chefs müssen ihre Verantwortung übernehmen und wenn sie das nicht schaffen, frühzeitig abdanken oder im schlimmsten Fall durch die Behörde zur Abdankung gezwungen werden.

Die neuen Regeln können hier gewissermaßen erzieherisch wirken. Die involvierten Akteure sind gezwungen, sich mit dem Thema der Neuausrichtung des Systems zu beschäftigen und die richtigen Schlussfolgerungen daraus zu ziehen.

Michael Ikrath schätzt das Banksystem von 2008 bis 2014 folgendermaßen ein: „Die Konsolidierung hat zu deutlich größeren Einheiten geführt. Von wegen ‚too big to fail‘. Jede einzelne Maßnahme mag von gutem Willen getragen sein, in der Zusammenwirkung führen die Maßnahmen aber leider oft zum Gegenteil. Und statt ‚too boring to fail‘ zur Wirklichkeit der Kreditwirtschaft zu machen, wird uns das ‚too big to fail‘ weiter begleiten.“

Nach dem Motto: Man kann alles übertreiben.

Trotz allem: Immer noch scheint der Trend eher in die Richtung zu gehen, dass „Banken, die lange Bilanzsummen und traditionelles Kundengeschäft haben, in eine besondere regulatorische Zwangsjacke gesteckt werden, während Banken mit hohem Risikoprofil wie die Schattenbanken deutlich weniger reguliert werden", kritisiert der Banker. Dass nun die Biedermänner unter den Bankern mehr zur Verantwortung gezogen werden sollen als die Brandstifter, birgt ein Paradoxon in sich: „In Deutschland, Österreich und der Schweiz ist die traditionelle Aufgabe der Banken, die mittelständische Wirtschaft ausreichend mit Krediten zu versorgen."

Mit dem starken Kapitalaufbau durch Basel III ist das für Banken schwieriger geworden, der Wirtschaftsaufschwung reicht nicht mehr aus, Unternehmen weiterhin ausreichend Kredite zu vergeben. Daher will die EU-Kommission die Kapitalmärkte für die mittelständische Wirtschaft öffnen. Das Problem: Häufig sind die betroffenen Unternehmen nicht groß genug, um den Sprung zu schaffen, Anleihen zu begeben, das heißt: Sie finanzieren sich über unternehmenseigene Anleihen, die Investoren kaufen können. Dafür wurde ein neues Zaubermittel gebraut: Anleihen diverser Unternehmer werden gebündelt und global handelbar gemacht. Leider wurde vergessen, diesen Vorgang transparent darzustellen. Die Biedermänner lassen auf diesem Weg die Brandstifter wieder durch die Hintertür herein. Wer am Ende die Feuerwehr spielen wird, ist unterschwellig klar.

Ein Großtischler aus Bad Ischl hat keine Ahnung mehr davon, wer seine Gläubiger sind, nennt Ikrath ein konkretes Beispiel. Ob diese genau wissen, was in ihren Papieren steckt, sei umgekehrt mehr als zweifelhaft.

Der Teufelskreis zwischen Banken und Staaten muss durchbrochen werden. Dieser Kreis schaut so aus: Die Staaten haben die Banken gerettet und sie dann dazu verpflichtet, als Liquiditätspuffer Staatsanleihen zu kaufen. Hätten die Banken die Staatsanleihen nicht gekauft, hätten sich die Staaten nicht mehr refinanzieren können.

Die Staaten bekommen also durch die Banken billiges Geld. Auch die Staaten haben über viele Jahre, die gut gelaufen sind, jegliches Gefühl für Risiko verloren und vergessen, in guten Zeiten für schlechte etwas auf die Seite zu legen.

Im Gegenteil, sie haben fleißig mitgespielt im Monopoly der Weltfinanz. Die Staaten haben sich ebenso von der Gier leiten lassen und waren bereit, sich noch viel stärker zu verschulden. Das System muss langfristig ausbalanciert werden. Politiker dürfen nicht, ohne nach rechts und links zu schauen, nur von einem Wahltermin zum nächsten denken. Auch in der europäischen Politik werden immer häufiger kurzsichtige und auf kurzfristige populistische Gewinne auf der politischen Bühne ausgerichtete Entscheidungen gefällt. Die Devise muss lauten: Zurück zu Nachhaltigkeit und zum ursprünglichen Geschäft.

Die Bereitschaft, sich immer mehr zu verschulden, ist allerdings kein rein europäisches Phänomen. Die USA sind hoch verschuldet und bleiben auf dem „Verschuldungspfad". Es muss wieder ein Bewusstsein entstehen, dass man auf Dauer nicht auf Pump leben kann.

Die demografische Entwicklung zeigt: Die künftigen Steuerzahler werden weniger, die Empfänger von Staatsgeld mehr und die Spielräume für noch mehr Schulden für die Staaten somit immer geringer.

Die Verschuldung hängt eng mit der Politik der Notenbanken zusammen. Ihnen wurde immer wieder zu viel politischer Aktionismus vorgeworfen, so etwa dem Chef der Europäischen Zentralbank (EZB), Mario Draghi. Österreichs Gouverneur Ewald Nowotny verteidigt Draghi: „Das Ausmaß der Krise hätte in einer Weltwirtschaftskrise münden können. Das hat Draghi verhindert. Eine Notenbank allein kann eine Krise nicht überwinden, da sind auch die Bereiche Finanz- und Strukturpolitik gefordert."

Nowotny nennt weitere Probleme, die über das einfache Bankgeschäft hinausgehen: Die Nachfrage in der EU ist schwach, der nötige Strukturwandel erfolgt nicht rasch genug, niedriges Wachstum und die niedrige Inflation müssen erst überwunden werden.

Hat Europa sein Wachstum traditionell in den Exporten gesucht und gefunden – besonders Deutschland und Österreich haben stark von der EU profitiert –, ist es jetzt höchste Zeit, die Binnennachfrage anzukurbeln. Das ist Aufgabe der Politiker, und in diesem Umfeld werden sich Banken leichter tun, den neuen Regeln gerecht zu werden und gleichzeitig zumindest halbwegs zufriedenstellend zu wirtschaften.

„Derzeit ist die Welt geprägt von einer Übererersparnis", ist Nowotny überzeugt. Die Pensionskassen suchten sichere Investitionsquellen, die Einkommensverteilung divergiere immer stärker und die asiatischen Staaten hielten an ihren hohen Währungsreserven fest. Daraus leitet Nowotny ein „massives Interesse an sicheren Assets" ab und ist überzeugt: „Die Bankaktien können so nach entsprechenden Reformen ein sicheres Investment sein."

Wie geht es weiter? Die Bankenunion in Europa und diverse Maßnahmen rund um den Globus beweisen ein Bewusstsein, dass die Zeit der wundersamen Geldvermehrung noch immer nicht vorbei und die Gefahr dieses unfrommen Wunsches ganz und gar nicht gebannt ist. So hat Paul A. Volcker, der US-Präsident Barack Obama berät, am 21. 5. 2014 in einem Vortrag vor dem Bretton Woods Committee nicht nur die Frage gestellt: „Wie wäre es mit einem neuen Bretton Woods?", sondern dabei auch einige Argumente für ein neues Nachdenken über das gesamte Wirtschaftssystem vorgebracht.

Das System von Bretton Woods wurde nach zwei Desastern eingeführt: der Großen Depression der 1930er-Jahre und dem Zweiten Weltkrieg. Der Welthandel sollte wieder angekurbelt, die Finanzmärkte wieder geöffnet und die Währungskontrollen in den 1950er- und 1960er-Jahren gelockert werden. Wachstum und Stabilität sollten auf diese Weise gefördert werden. Die heutige lockere Geldpolitik, auch unter dem Begriff „quantitative easing" bekannt, hat also einen Vorläufer.

Es war eine Zeit der fixen und gleichzeitig anpassbaren Wechselkurse, also eine Mischung aus zwei Systemen, und eine Zeit, in der über effiziente Märkte sowie rationale Erwartungen sinniert wurde, erinnert der ehemalige Notenbankchef in seinem Vortrag. Und alles schien stabil zu sein in diesem System. Aber schon zu Beginn der 1970er-Jahre zeigte sich: Das System musste geändert werden, besonders im Verhältnis des US-Dollar zum japanischen Yen. So wurde ein flexibles Wechselkurssystem installiert und die Vorherrschaft des Dollar als Weltwährung de facto etabliert.

Jetzt wird es spannend. Volcker räumt ein: „Ich denke, wir sind einer Meinung, dass der Mangel an einem offiziellen, regelbasierten und gemeinsam gemanagten Wechselkurssystem kein großer Gewinn war."

Vielmehr seien ebenso häufig Krisen des internationalen Finanzsystems entstanden wie vorher. So hatten die USA in den 1970er-Jahren eine hohe Inflation, die in eine Stagnation mündete. Die großen lateinamerikanischen Volkswirtschaften gerieten in die Krise, dann folgte die Asienkrise und zuletzt die Finanzkrise 2007–2009.

Volcker mahnt: „Am Ende sind wir daran erinnert worden, dass freie und offene Kapitalmärkte zwar zu starkem Wachstum beitragen mögen, aber auch anfällig sind für Krisen. Umso komplexer, verknüpfter und freier von offiziellen Beschränkungen, umso größer ist das kollektive Risiko."

Dass ein Mann, der als Inbegriff des Kapitalismus auftrat, Beschränkungen fordert, kann als Beleg dafür dienen, dass das System einer Regulierung bedarf.

Und er geht einen Schritt weiter: Unzulänglichkeiten wie toxische Papiere etc. waren wichtige Treiber der Krise. Doch Volcker stößt sich an der Grundlage des Kartenhauses und stellt zwei rhetorische Fragen: „War die Abwesenheit eines gut funktionierenden internationalen Wechselkurssystems eine Voraussetzung, noch mehr: Hat der Mangel an internationalen Regeln im Wechselkurssystem Ungleichgewichte im internationalen Zahlungsverkehr und in regionalen Volkswirtschaften ausgelöst bzw. beflügelt?"

Und legt damit den Finger in die amerikanische Wunde: Seit 2000 hat sich die Schere zwischen USA auf der einen und Japan bzw. China auf der anderen Seite immer weiter aufgetan.

Das bewirkte hohe Liquidität zu geringen Zinssätzen in den USA, obwohl es praktisch keine Ersparnisse mehr gab. Die Amerikaner lebten und finanzierten alles auf Pump. Finanziert wurde der amerikanische Traum großteils von den Chinesen. In China selbst gibt es eine hohe Sparquote und der Konsum musste erst stimuliert werden, um die Wirtschaft auch zu Hause in Schwung zu versetzen. Nächste Frage: Wo war ein stabilisierender Mechanismus? Erraten: Nirgendwo.

Hier kritisiert Volcker das Alleinstellungsmerkmal des Dollar, das „extreme Privileg" der US-Währung, das aber auch zum enormen Ungleichgewicht der Zahlungsbilanzen der Länder beigetragen hat. Konkret: Hat man die Vorherrschaft, scheut man Risiken weniger oder beurteilt sie gar falsch.

Und nun zu Europa. Die gemeinsame Währung Euro hat einen großen Nachteil der ökonomischen Struktur nicht wettmachen können: Es gab weder ein einheitliches Bankensystem noch eine gemeinsame Disziplin der einzelnen Staatshaushalte noch eine gemeinsame Fiskal- und Wirtschaftspolitik.

Der Schluss Volckers: Ein einheitliches internationales Währungssystem ist unumgänglich. Kurz zusammengefasst fordert er ein Banken- und Währungssystem, das wieder seine Aufgabe erfüllt und zum Hort der Verlässlichkeit wird.

Sein Credo: Wir haben den Pfad der monetären Tugend verlassen. Das ist gefährlich und kann einen neuen Brand entfachen, wenn man sich dem Thema nicht international widmet und neue Regeln ausarbeitet.

Ohne Zusammenspiel von Banken- und Wechselkurssystem wäre die Krise, in der wir uns noch immer befinden, nicht zu verstehen. Hier schließt sich der Kreis aus unnötiger Risikonahme und dem haltlosen Glauben an unendlich steigende Märkte. Wenn der Berater des US-Präsidenten sich öffentlich fragt, ob es einer neuen Stabilität in Währungs- und Finanzmechanismen bedarf, kann man die rhetorische

Frage, die in Wahrheit eine positive Antwort vorgibt, genauso für die Banken stellen, die am Gesamtsystem hängen.

Zum äußeren Rahmen: Volcker erklärt, man müsse Wechselkurse der großen Währungen so managen, dass extreme Ausschläge verhindert werden können. Ein Baustein dafür sind ausgeglichene Zahlungsbilanzen.

Das bedeutet: Auch die USA haben einige Hausaufgaben zu erledigen. Volcker fordert kein neues Bretton Woods, so weit kann er als Berater des Präsidenten wahrscheinlich nicht gehen, aber eine Besinnung auf einige fundamentale Grundlagen aus Bretton Woods, die jahrzehntelang ignoriert wurden. Wir hätten es geschafft, einen totalen Finanzkollaps zu verhindern, aber das sei noch nicht genug, räumt der Experte ein. Wir bräuchten ein neues System, das für Stabilität und Wachstum sorgt.

In die gleiche Richtung zielt der Internationale Währungsfonds (IWF), der sich im April 2014 besorgt über die Entwicklungen in China und den USA zeigte. Es gebe zwar eine Verbesserung der globalen Finanzstabilität, zitiert die *Neue Zürcher Zeitung* den im IWF für den Global Financial Stability Report zuständigen José Viñals, doch er zeigte auch auf: Die unvollständige Sanierung der Banken- und Unternehmensbilanzen bremst die Erholung in Europa.

Eine Frage drängt sich in Krisenzeiten und angesichts der Forderung nach einem Umkrempeln des Systems logischerweise auf. Gibt es Alternativen zu herkömmlichen Banken? Die Antwort lautet: Ja, aber ohne sie wird das ganze Wirtschaftssystem nicht funktionieren. Wir können uns in einem Gedankenspiel in die Steinzeit zurückbeamen und fröhlich dem Tauschhandel frönen. Die Alternative ist effektiv aber natürlich keine.

Es gibt auch Anlageformen, die in den vergangenen Jahren neue Wege der Finanzierung aufzeigen wollten. Auch diese sind für sich allein nicht der Weisheit letzter Schluss.

Um aber ein schönes Beispiel zu nennen: Muhammad Yunus hat die Grameen Bank gegründet und mit Mikrokrediten Menschen geholfen, sich selbst zu helfen. Sie konnten über die Minikredite ihr Kapital vergrößern – in kleinen Schritten, aber immerhin hatte das den zusätzlichen Nutzen, dass viele Menschen lernten, sich auch etwas auf die Seite zu legen und nicht sofort wieder auszugeben. Das Geld konnte investiert werden.

Die Menschen in Bangladesch finden ihr Einkommen oft im Flechten von Körben. Die Grundmaterialien dazu konnten sich die Frauen aus den Mikrokrediten finanzieren. Durch den Verkauf der Körbe gelang es ihnen, sich und ihren Familien langsam eine Lebensgrundlage zu schaffen. Das hat ganze Familien vor Hunger und Not bewahrt. Es war eine unbezahlbare Anerkennung für diese alternative Form der Finanzierung, als Yunus 2006 den Friedensnobelpreis verliehen bekam.

Im Zuge der Finanzkrise wurden auch ganz andere Stimmen laut, die mehr Mitbestimmung und Solidarität von Banken fordern, so etwa jene von Christian Felber, Mitbegründer der Plattform ATTAC in Österreich und nun Vereinsobmann und Mitgründer der Bank für Gemeinwohl in Wien. Sein Credo: Es ist möglich, ein demokratisches Finanzsystem ohne riskante Spekulationen und maßlose Bankerboni zu schaffen. Das will er von 2015 an beweisen.

Die „Bank für Gemeinwohl" will vor allem für regionale, ökologische und soziale Werte eintreten. Dafür will sie auf Renditeausschüttung und Zinszahlungen verzichten. Auch Währungsspekulation oder maßlose Boni soll es nicht geben, heißt es in einem Bericht der *Tiroler Tageszeitung* im März 2014.

Die Homepage der Bank am 21.8.2014: „In unserer neuen Bank werden nicht Gewinnmaximierung und riskante Spekulationsgeschäfte, sondern transparente, Vertrauen schaffende Kundenbeziehungen im Vordergrund stehen. Die Bank wird den Menschen dienen und Produkte und Dienstleistungen anbieten, welche den Bedürfnissen ihrer Kundinnen und Kunden entsprechen. Sicherheit bietet sie durch Regionalität und die Konzentration auf das Kerngeschäft: Kreditvergabe, Spareinlagen und Zahlungsverkehr (Girokonten)."

Das klingt alles gut, auch die deutsche GLS und Sparda-Bank verfolgen ähnliche Vorhaben. Es ist schön, wenn sich Menschen zusammenfinden und etwas Neues schaffen. Ruft man sich aber die ursprüngliche Idee der Sparkassen oder von Raiffeisen in Erinnerung, sieht man, dass diese Banken mit ähnlichen Zielen entstanden sind: Das Thema Genossenschaft, das Thema Regionalität, das Thema Kunde im Fokus. Das von der Bank für Gemeinwohl genutzte Wort „Dienen" klingt etwas verklärt, es ist aber durchaus ein legitimer Wunsch, aus dem System auszubrechen.

Eine solche Bank kann in dieser Form nur bestimmte Zielgruppen ansprechen, kleine Sparer und Unternehmen, und kann so ihre Berechtigung finden. Im großen Rahmen aber werden wir versuchen müssen, das System dahin gehend zu ändern, dass auch die meisten anderen Banken überleben können.

Eine Änderung des Bankensystems ist mit dem reinen Gedanken der Weltverbesserung nicht zu schaffen. Neue alternative Finanzierungsmöglichkeiten können nur ein Ausschnitt aus dem Wirtschaftssystem sein. Längst haben sich auch hier Unternehmen etabliert, die viel Rendite und wenig Transparenz versprechen. Daher ist es auch Unsinn, zu glauben, hier sei das einzig Gute und dort das alleinig Böse.

Erinnern Sie sich an die Pleite des Windkraftherstellers Prokon? Die Firma versprach den Anlegern nicht nur sechs Prozent Zinsen, sondern schrieb in ihren Rundbriefen: „Die Genussrechte sind zu über 100 Prozent abgesichert."

Die Geldanlage sei laut Prokon deshalb ein „grünes Sparbuch", zitiert Focus im März 2014 aus den Briefen. „Ein Sparbuch? Das dachten sich offenbar auch gut 75.000 andere Prokon-Anleger, die insgesamt 1,4 Milliarden Euro in die Firma steckten. Den ersten Schock erlebten sie im Januar 2014: Erst stoppte Prokon alle Zahlungen an die Genussschein-Inhaber, dann beantragte die Firma ein vorläufiges Insolvenzverfahren."

Jetzt warten die Gläubiger auf ihr Geld.

Auch Bürgerbeteiligungen haben neue Finanzierungswege gefunden, etwa für Fotovoltaikanlagen. Bürger können Anteile kaufen und auf eine bestimmte Rendite hoffen. In Zeiten der Krise investieren viele Menschen eben lieber vor Ort in eine Fotovoltaikanlage, weil sie wissen, wozu ihr Geld verwendet wird. Im Prinzip nach dem richtigen Grundsatz des bekannten US-Investors Warren Buffett: „Investiere nur in Unternehmen, die du kennst und deren Geschäftsmodell du verstehst."

Die Bürgerbeteiligungen haben in Kooperation mit einer Bank auch die entsprechende rechtliche Unterlegung ihrer Veranlagungsprodukte. Denn Spareinlagen dürfen grundsätzlich nur Banken annehmen, die eine Lizenz haben. Das ist nicht immer der Fall. So war etwa der österreichische Schuhhersteller GEA wochenlang in den Schlagzeilen der österreichischen Medien, weil er ein ähnliches Spareinlagen-Modell selbstständig betrieben hat, bis schließlich die Finanzmarktaufsicht eingriff.

Im März 2014 berichtete *Der Standard* über alternative Kreditplattformen, die in den USA der große Renner, in Deutschland seit einigen Jahren am Markt und in Österreich noch kaum bekannt sind. Das Prinzip: Jeder kann sich einen Kredit holen, beispielsweise über die deutsche Kreditplattform auxmoney.com.

„Dort können Menschen ihr Projekt anbieten, für das andere einen Kredit geben können. Oft sind es mehrere 100 Kreditgeber, die ab einer Summe von 50 Euro helfen, damit eine Renovierung, ein Kauf oder sonst ein Vorhaben realisiert werden kann. Der Kreditnehmer bestimmt dabei Summe (maximal 25.000 Euro sind erlaubt) und Laufzeit des Kredits und hat 20 Tage Zeit, seine Finanzierung aufzustellen. Wird innerhalb dieser Frist der volle Betrag geboten, kommt der Vertrag zustande. Andernfalls wird das Projekt von der Plattform entfernt."

Die SWK Bank wickelt Kredite und Raten ab. Die Zinsen sind variabel, im Schnitt liegen sie bei 9,65 Prozent.

„So eine Rendite gibt es derzeit bei keinem Sparprodukt", sagt auxmoney-Sprecher Peter Godulla im Gespräch mit dem *Standard*. Die alternative Kreditplattform auxmoney wurde vor sieben Jahren gegründet, seither seien 85 Millionen Euro für mehr als 18.000 Projekte verliehen worden. 2013 sind die US-Kreditvermittler Union Square Ventures bei der Kreditplattform eingestiegen.

„Wir rechnen damit, dass auxmoney zu einer echten Alternative zum traditionellen Bankkredit in Deutschland werden wird. Daran wollen wir teilhaben", sagte Neil Rimer von Index Ventures beim Einstieg.

Mittlerweile haben sich auch mehrere Social-Trading-Plattformen entwickelt, die ähnlich wie Social-Media-Plattformen agieren bzw. interagieren. Ganz risikofrei ist die Sache nicht.

Yoni Assia, Gründer von eToro, der mit rund drei Millionen Benutzern aus mehr als 140 Ländern weltweit größten Plattform dieser Art, sagt *creditreform* im März 2014: „Die Vision unserer Plattform ist es, Finanzmärkte für jedermann zugänglich zu machen, um an ihnen einfach und bei voller Transparenz handeln zu können und das Wissen der vielen, die Weisheit der Masse für den eigenen Anlageerfolg zu nutzen."

Die Plattform funktioniert nach dem Prinzip des „Copy Trading". Die Masse kopiert die Käufe und Verkäufe von erfahrenen Tradern. Diesen folgen die Anleger. Und bekommen „Differenzkontrakte", sogenannte Contracts for Difference (CFDs). Das sind wieder Derivate und nicht eben einfache Papiere. eToro kassiert Gebühren für die Transaktionen.

In einer Studie hat die Ruhr-Universität Bochum errechnet, dass die Toptrader von eToro eine jährliche Rendite von 15,4 Prozent bei relativ geringem Risiko und weitgehend unabhängig vom Gesamtmarkt erzielt haben. Doch wie gesagt: CFDs sind riskante Anlageformen und können auch den Totalverlust bedeuten. Außerdem, so *creditreform*, hängen die Prämien bei eToro vom Handelsvolumen ab. Und das steigert die Risikofreude der Händler.

Am 20. 7. 2014 warnt die *NZZ am Sonntag* vor der Weisheit der oben genannten Masse, diese schütze nicht vor dem Totalverlust: „Crowdfunding-Plattformen, auf denen Jungfirmen um Anschubfinanzierung buhlen, erleben einen Boom. Die Risiken sind sehr groß."

Dennoch: Die Schwarmfinanzierung habe sich seit der Gründung der ersten Plattform ArtistShare im Jahr 2003 zum Milliardenmarkt entwickelt. Mit einem Finanzierungsvolumen von 3,3 Milliarden Franken (2,7 Milliarden Euro) in den USA sowie 1,3 Milliarden Franken (1,07 Milliarden Euro) in Deutschland und in der Schweiz ist der Markt deutlich kleiner, aber in den vergangenen Jahren schnell gewachsen, so die Zeitung.

Ein Totalverlust ist ebenso möglich wie eine gute Rendite. Außerdem sind diese Veranlagungen zum Teil aufsichtsrechtlich nicht kontrolliert. Diese Form der Anlagen unterliegt in Deutschland in den meisten Fällen keiner Prospektpflicht und bedarf keiner Bewilligung durch die Finanzbehörden. In der Schweiz ist es ähnlich.

„Solange sich der Finanzintermediär auf die reine Vermittlung von Geldgebern beschränkt und nicht selbst Gelder entgegennimmt, verletzt er mit seinen Aktivitäten die aufsichtsrechtlichen Vorschriften nicht", sagt Finma-Sprecher Vinzenz Mathys im Gespräch mit der *NZZ am Sonntag.*

In den USA und in Großbritannien haben die Aufsichtsbehörden den Zugang zu den Hochrisikogeschäften begrenzt. In der Schweiz gibt es solche Beschränkungen nur auf Eigeninitiative einiger Internetvermittler wie investiere.ch.

Es ist nicht alles Gold, was alternativ glänzt. Und nur weil sich etwas als „ethisch" oder „grün" anpreist, bedeutet das noch lange nicht, dass Sie mit so einem Investment nicht auch baden gehen können. Grundsätzlich ist es gut, wenn Menschen versuchen, neue Formen der Veranlagung zu finden, noch kenne ich jedoch keine, die vollkommen risikofrei und eine echte Alternative zu herkömmlichen Banken im gesamtwirtschaftlichen Sinne wäre.

VII.
FAZIT
UND
ZUKUNFT

„Banking is perverse production. Money is the input. Money is the output."

Dieses Bonmot kursiert in Bankerkreisen und zeugt von einer pessimistischen bis zynischen Sicht der Dinge.

Pervers ist Banking dann, wenn Geld zur reinen Geldproduktion verwendet wird und nicht dazu, effektive Werte zu schaffen. Ein ganzes System ist pervers, wenn Banken nur nach der höchsten Rendite streben und ihre Erträge vor allem in komplexen Papieren und Veranlagungen suchen, die keinen realen wirtschaftlichen Wert abbilden. In diesem Sinne war das System um die Lehman-Jahre pervers und ist es immer dann, wenn sich Blasen abzeichnen. Egal, wo auf der Welt.

„Alles ändern, um nichts zu ändern", dieses Sprichwort von Giuseppe Tomasi di Lampedusa kommt mir in den Sinn, wenn ich den derzeitigen Zustand des Bankwesens betrachte. Alle Veränderungen am Bankwesen bringen neben Chancen auf Veränderung auch hohe Risiken mit sich.

Lampedusa formulierte diese Worte in seinem Roman „Il Gattopardo" (Der Leopard), um das beharrende Wesen der sizilianischen Gesellschaft des 19. Jahrhunderts zu beschreiben. Genauso wird derzeit versucht, das Bankwesen zu verändern. Auch hier gibt es viele Kräfte, die den Status quo beibehalten und das gleichzeitig als Veränderung verkaufen wollen.

Bankenunion, Volcker Rule, Basel III und wie die Regelwerke alle heißen mögen: In den Zentralen der Banken wird restrukturiert und umgebaut. Ob das Ziel einer Stabilisierung des Systems erreicht wird, bleibt fraglich. Denn geändert wird zwar einiges, aber das grundlegende Problem besteht weiter.

Solange das Shareholder-Value-Prinzip mit seinem Streben nach der höchstmöglichen Rendite das Nonplusultra bei der Bewertung von Unternehmen bleibt, so lange kann man noch so viele Änderungen am System vornehmen, allein: sie werden den gewünschten Erfolg nicht bringen.

Mit dem Fall des Eisernen Vorhangs vor 25 Jahren fiel der Kommunismus. Der Kapitalismus hatte sich als „besseres" System durchgesetzt, doch jetzt ist der Kapitalismus in die Krise geraten. Die Finanzwirtschaft hat Konstrukte erschaffen, die viel Gewinn versprachen und zeitweise auch erzielten, aber mit realen Werten wenig zu tun hatten.

Wie der Kommunismus letztlich an der realen Wirtschaftswelt zerbrach, könnte der Kapitalismus an seinem Unvermögen scheitern, der realen Wirtschaftswelt ihren Stellenwert zu gewähren. Finanzkonstrukte als Sicherungsinstrumente etwa für Getreidegeschäfte oder Kerosinchargen für Fluglinien sind ein wichtiger Teil des Systems. Aber das Getreide, das Kerosin, die Waren dürfen als Werte nicht vergessen werden. Bankhäuser dürfen also nicht zu Sklaven der Kapitalmärkte verkommen.

Das Bankwesen ist und bleibt eine wichtige Grundlage für das Funktionieren der Gesamtwirtschaft. Noch stehen weder die USA noch Europa, China oder Asien kurz davor, das ultimative Konzept entworfen zu haben, das Banken, Unternehmen, Währungssysteme, praktisch den gesamten Verlauf wirtschaftlichen Geschehens auf neue tragfähigere Füße stellen könnte.

Deshalb brauchen wir neue Banken. Mit neuen Köpfen an ihrer Spitze, die nicht nur nach bloßem Gewinn streben, sondern sich auf das ursprüngliche Bankgeschäft zurückbesinnen: Der altehrwürdige Bankkaufmann wägt Chancen und Risiken genau ab und vergibt Kredite oder lehnt sie ab. Er legt konservativ an und vergibt dementsprechend Zinsen an die Sparer.

Die Banken müssen ihrer Bezeichnung „Kreditinstitute" wieder gerecht werden. Banking muss wieder mit realen Werten unterlegt werden, der Banker darf nicht nur an der Nabelschnur der Wall Street hängen. Und vergessen Sie bitte nicht, dass genau an dieser Nabelschnur viele nach außen hin biedere deutsche Landesbanken und österreichische Kommunalfinanzierer hingen.

Banken müssen Geld verdienen, um den Geldkreislauf in Schwung zu halten. Zocken, um den schon vorhandenen Gewinn zu erhöhen, ist Teil des kapitalistischen Gedankens der Geldvermehrung und legitim. Wenn aber mein gesamtes Geschäftsmodell zu einer einzigen Zockerei verkommt, sollten sich Kunden ihres Risikos bewusst sein. Höhere Rendite bedeutet mehr Risiko. Immer. Überall. Jederzeit. Diese logische Formel lässt sich nicht schönreden.

Die Krise ist nicht nur eine Krise der Banken, sondern des gesamten Finanz- und Wirtschaftssystems. Wir müssen wieder kleinere Brötchen backen, mehr auf den Wert und nicht mehr ausschließlich auf die Rendite achten. Nur das kann nachhaltiges Wirtschaften bedeuten.

Politiker müssen wieder Verantwortung übernehmen, damit das System rundum erneuert werden kann. Dass die alte Form des Kapitalismus einer neuen weichen muss, hat die Krise um Lehman Brothers eindeutig bewiesen. Behörden müssen ihre Verantwortung erkennen und dürfen nicht nach der Pfeife der Politiker tanzen.

Die Manager der Banken sind gefordert, ihre Verantwortung gegenüber der allgemeinen Wirtschaft in einer Weise wahrzunehmen, dass auch die Eigentümer und Aktionäre mit ihrem Investment zufrieden sind. Dazu gehört natürlich eine bestimmte Rendite.

Es ist deutlich geworden, dass jede Bank ein bisschen zocken, ein bisschen an den Märkten wetten muss. Eine Bank wird nicht dauerhaft und ausschließlich vom langweiligen Brot-und-Butter-Geschäft leben können. Das verschafft ihr zu wenig Rendite. Und es löst auch nicht das Problem der Schattenbanken, deren vordergründiger Zweck war und ist, höchstmögliche Renditen zu erzielen.

Die Schattenbanken spielen eine wichtige Rolle in der Krise. Deshalb ist es erstaunlich, wie wenig die neuen Regeln sie betreffen. Zu international agieren die Schattenbanken, zu viel Politik und Machtinteresse der einzelnen Staaten spielen mit. Niemand traut sich, das Kapitel Schattenbanking anzugreifen.

Wenn diese Banken nicht besser reguliert werden, wird es keine Entwarnung geben, im Gegenteil: Wir werden rasch in der nächsten Krise enden. Für die westlichen Demokratien wäre das verheerend.

Eine alte Bankerregel lautet: „Rules are for fools." Die Schlauen halten sich also nicht an die Regeln. Dieses Missverständnis gilt es auszuräumen. „Verantwortung" heißt auch hier die Devise.

Besonders Basel II hat dazu geführt, dass Banken plötzlich ihnen unangenehme Vermögenswerte in Zweckgesellschaften auslagerten und so ihre eigene Bilanz „sauber" halten konnten. Man möchte nicht wissen, wie viele Arbeitsgruppen in den Banken derzeit damit beschäftigt sind, Wege zu finden, um Regeln zu umgehen.

Regeln werden geschaffen, um gesetzte Ziele zu erreichen, und bewirken leider oft genau das Gegenteil.

Stimmen wir noch einmal ein: „The winner takes it all." Das ist nicht nur das Prinzip des Shareholder-Value-Gedankens, das Motto entspricht einem Phänomen, das man bisweilen mit dem Herdentrieb gleichsetzen konnte und kann.

Hatten Sie je einen Investmentfonds? Wann sind Sie eingestiegen? Ich wette, der Bankberater hat Ihnen die besten Fonds der fünf vorangegangenen Jahre gezeigt und Sie haben den besten gewählt. Schade nur, dass der seine besten Zeiten schon gesehen hatte.

Jeder von uns folgt gerne dem Erfolgreichen und vergisst gerne, dass eine Anlage auch schon den Zenit erreicht haben kann. Wir werden uns entweder mit weniger Zinsgeld abfinden oder unser Geld in riskantere Veranlagungen investieren müssen.

Derzeit scheinen die meisten Sparer den Lehman-Schock verdaut oder vergessen zu haben, nur so kann man sich erklären, warum sie so froh drauflosspekulieren und sich von gewinnversprechenden, riskanten Veranlagungsvorschlägen ködern lassen.

Solches Verhalten liegt in unserer eigenen Verantwortung. Die Finanzinstitute arbeiten nach Angebot und Nachfrage. Wenn wir riskante Papiere verlangen, werden sie uns geboten.

Man kann nicht alles versichern. Ein Restrisiko steckt hinter jedem Investment.

Was bedeutet das für die Zukunft? Immer noch ist die Bankenwelt nicht in jener Realwirtschaft angekommen, die von herkömmlichen Unternehmen immer eingefordert wird. Daher müssen Banken das Stoppschild erkennen und den Kern ihrer Geschäfte wieder „konservativer" gestalten.

Das Brot-und-Butter-Geschäft ist derzeit zwar der letzte Schrei, viele Banken kommen damit auch dem gestiegenen Bedürfnis der Kunden nach Sicherheit nach, abzuwarten ist bloß, wie lange dieser Trend anhalten wird. Denn Niedrigzinsen üben einen gewaltigen Kostendruck auf die Finanzinstitute aus.

In Zeiten des Internet wird sich das sogenannte Multichanneling Banking durchsetzen müssen, denn die Googles und Amazones dieser Welt attackieren die Banken in ihrem Kerngeschäft. Dachten noch vor 15 Jahren fünf bis acht Prozent der Bankkunden in Europa daran, sich ein zweites Konto in einer zweiten Bank zuzulegen, sind es heute mehr als 20 Prozent – Tendenz steigend. Die Kunden sind mobiler geworden und die Banken haben bisher viel zu langsam darauf reagiert.

Es ist ähnlich wie im Medienbereich. Die Leser sind mobiler und die Verlage im Schneckentempo unterwegs, einen neuen Weg zu finden, die neuen mobilen Kunden zufriedenzustellen.

Nur die Kosten zu reduzieren, kann kein adäquates Mittel sein, um sich neu aufzustellen. Die Konsolidierung wird hier wie dort voranschreiten. Willibald Cernko rechnet damit, dass in den nächsten fünf bis zehn Jahren ein Drittel bis die Hälfte der Bankfilialen in Kontinentaleuropa geschlossen wird.

„Es wird weniger Spieler und möglicherweise ganz neue geben, von denen wir heute noch gar nichts wissen."

Cernko ist überzeugt: Die Bank der Zukunft muss für den Kunden Information bündeln und Services für den neuen Kunden, der auf mehreren Plattformen unterwegs ist, bereitstellen.

Grundsätzlich stelle ich mir eine Bank der Zukunft mit einem stark „konservativen" Anstrich vor. Sie soll wieder mehr Kontakt zu Unternehmen haben und sie als Hausbank begleiten – von der Kreditvergabe bis zu den Rückzahlungen. Das wäre Rückbesinnung auf die Realwirtschaft im besten Sinne. Damit wird auch dem anonymen Kapitalmarkt die Stirn geboten.

Wer glaubt, dass alle Unternehmen, auch die kleineren, aus Prestigegründen an die Börse gehen müssen, hat Wirtschaft nicht verstanden.

Ein Unternehmen soll sich einen Markt erfolgreich aufbauen können. Dazu braucht es zuallererst eine Bank und nicht die Börse. Ist ein Unternehmen bereit für den Kapitalmarkt, kann es seine Bank auch dorthin begleiten. Der Kapitalmarkt sollte aber dazu dienen, Kapital einzusammeln und nicht nur zu zocken, um eventuelle operative Engpässe zu vertuschen.

Was muss eine Bank in Zukunft noch leisten? Die Bank muss Sparern und Unternehmen einen sicheren Zahlungsverkehr garantieren. Die Bank muss ihren Sparern auch eine sichere Anlage für ihr Erspartes liefern. Sie muss nicht zuletzt viel mehr bzw. besser beraten, als es derzeit der Fall ist.

Darin liegt ein Schlüssel zum Erfolg: Ein Kunde wird sich nicht mehr damit zufriedengeben, dass ihm seine Bank die bankeigenen Investmentfonds verkauft, Kunden verlangen individuelle, auf sie zugeschnittene Anlagemöglichkeiten. Wenn sie die nicht bekommen, werden sie die Bank wechseln. Unter dieser Mündigkeit des Kunden werden Banken immer mehr zu leiden haben, andererseits kann der Wettbewerb als Ansporn dienen, gut zu beraten.

Die Banken müssen sich wieder auf den wichtigsten Bestandteil ihres Erfolgs besinnen: den Kunden. Derzeit ist der Blick leider immer noch zu sehr Richtung Kapitalmarkt gerichtet. Wenn die Banken wieder den Weg zum Kunden einschlagen, wird auch die Macht der Ratingagenturen eingeschränkt, und eine Aufsicht kann den Bereich besser im Auge behalten.

Dann werden auch die Investoren reagieren und „konservative" Banken als Investitionen gefragt sein. Das verschafft den Banken eine leichtere Refinanzierung.

Wie sieht die Zukunft des Investmentbankings aus?

Die Banken werden weiter mit Aktien, Anleihen und Devisen handeln, sie werden in der Vermögensverwaltung ihre Expertise einbringen, Unternehmenskäufe begleiten und Unternehmen eben auch an die Börse bringen. Die Einführung eines Trennbankensystems ist hier meiner Meinung nach nicht nötig.

Die regulatorischen Anforderungen im Investmentbankingbereich werden sich in den kommenden Jahren verschärfen und zu höheren Kapital- und Finanzierungskosten führen. Das heißt: Die erforderlichen Eigenkapitalquoten werden weiter steigen.

Der bevorstehende Anstieg der Eigenkapitalquoten hat dazu geführt, dass Banken im Bereich Investmentbanking seit einiger Zeit Geschäftsvolumen und Risiken abbauen. Dieser Trend wird sich fortsetzen und zur Stabilisierung des Systems beitragen.

Eine Bank soll also wieder eine „sichere" Bank sein, auf die Unternehmen und Sparer bauen können. Werden die neuen Regeln ernsthaft umgesetzt und ein neues Bewertungssystem gefunden, können wir auf ein sichereres System hoffen. Ansonsten leben wir in der ständigen Gefahr der nächsten Krise.

Eine Bank ist nicht vergleichbar mit einem Stahlhändler oder einem Schneider und wird es auch in Zukunft nicht sein. Zu bedeutend ist ihre Funktion in der Volkswirtschaft. Das Bankwesen ist also unverzichtbar für unseren Wohlstand und für die gesellschaftliche Entwicklung.

Geld wird die Welt auch weiter regieren. Es liegt an uns allen, beim Wettspiel achtzugeben, dass die reale Welt der Wirtschaft nicht zu kurz kommt.

Damit sich das Credo „Banking is perverse production. Money is the input. Money is the output" nicht durchsetzt.

VIII.
ANHANG

Glossar

Asset Backed Securities (ABS)
Verbriefte Zahlungsansprüche in Form von handelbaren Wertpapieren. Es werden bestimmte Finanzaktiva von Unternehmen gebündelt. Diese haben meist eine hohe Bonität und Laufzeiten von mehr als einem Jahr. Dazu zählen beispielsweise Forderungen aus Finanzierungen durch Leasing oder aus privaten Krediten.

Bail in
Die Beteiligung der Gläubiger bei Schwierigkeiten einer Bank, da sie Miteigentümer der Bank sind. Das heißt: Sie können auch einen Totalverlust erleiden.

Bail out
Das Gegenteil von Bail in: Gerät eine Bank in Schwierigkeiten, werden nicht die Gläubiger, sondern die Steuerzahler zur Kasse gebeten.

Bankenunion
Europas Antwort auf die Finanzkrise im Bankbereich. Die Bankenunion soll das Finanzsystem krisenresistenter machen.

Basispunkte
Mit diesem Finanzausdruck bezeichnet man Veränderungen an den Finanzmärkten. 100 Basispunkte entsprechen 0,01 Prozent.

BRRD (Bank Recovery and Resolution Directive)
Die BRRD wurde im Zuge der Bankenunion etabliert und ist die Abwicklungsbehörde für in Schieflage geratene Institute. Wenn marode Banken keine Hoffnung auf Sanierung bieten, bauen die Abwicklungsbehörden diese Banken ab.

Credit Default Swaps (CDS)
Eine Kreditversicherung, die den Kreditnehmer vor dem totalen Zahlungsausfall schützen soll. Sollte der Kreditnehmer zahlungsunfähig sein, ist er also geschützt und kann darauf setzen, dass sein geliehenes Kapital nicht verschwindet.

Collateralized Debt Obligations (CDO)
Hier werden Kreditversicherungen gebündelt und zu handelbaren Papieren gemacht.

Derivate
Termingeschäfte, die auf einem bestimmten Grundwert beruhen. Das kann Getreide oder Kerosin sein, aber auch viele andere Waren. Gehandelt werden also nicht die Waren selbst, sondern die auf sie abgeschossenen Derivate.

Downgrading, Herabstufung
Wenn eine Ratingagentur ein Unternehmen prüft und Zweifel an bestimmten Geschäftsverläufen hegt, setzt sie ihre Benotung, sprich ihr Rating hinab, das nennt man Downgrading.

Due Diligence
Bewertung und Prüfung einer Unternehmensbilanz. Findet im Vorfeld von Übernahmen statt, um sicherzugehen, dass sämtliche Zahlen stimmen und der Kaufpreis gerechtfertigt ist.

Eigenkapitalrendite oder Return on Equity (ROE)
Zeigt das Verhältnis des Gewinns vor Steuern zum Eigenkapital auf und ist eine wichtige Kennzahl für die Rentabilität einer Bank. De facto zeigt die Rendite, wie gut sich das Eigenkapital der Eigentümer über ein Jahr verzinst hat.

Fair Value oder auch Mark to Market
Dieses Prinzip verlangt, dass die Aktiva der betreffenden Unternehmen stets nach dem aktuellen Marktpreis bilanziert werden müssen, auch wenn die Gewinne oder Verluste nicht realisiert werden, sondern allein buchungstechnisch anfallen. Es ist ein wichtiger Teil des Shareholder-Value-Prinzips.

Kernkapital
Das Eigenkapital besteht aus Kern- und Ergänzungskapital. Das Kernkapital besteht im Grunde aus eigenen Aktien und einbehaltenen Gewinnen. Das ist ein wichtiges Kapitalpolster für jede Bank, für den Fall, dass es Probleme geben sollte. Das Kernkapital ist jenes Kapital, das dem Unternehmen dauerhaft zur Verfügung steht. Das bedeutet, dass darauf auch keine Verpflichtung zu einer eventuellen Gewinnausschüttung liegt.

Leerverkäufe
Der Verkauf von Wertpapieren, Terminkontrakten etc., obwohl sie sich (noch) nicht im Besitz des Verkäufers befinden. Die Absicht dahinter ist, sie später zu kaufen und an der Differenz zwischen Ver- und Ankauf zu verdienen.

Libor
Der Zinssatz, mit dem sich Banken im sogenannten Interbankengeschäft gegenseitig Geld an- und verleihen.

Market Making

„Markt mehr machen": Banken betreiben Market Making und sorgen damit für die Handelbarkeit von Wertpapieren.

Makroprudentiell

Die Arbeit einer Aufsicht, wenn sie ihr Augenmerk auf das gesamte Finanzwesen legt.

Mikroprudentiell

Im Gegensatz zu makroprudentiell die Befassung der Aufsicht mit einer Bank im Einzelnen.

Ratingagenturen

Unternehmen, die andere Unternehmen, Staaten oder Länder nach ihrer Bonität, sprich Kreditwürdigkeit bewerten.

Refinanzierung

Banken und Unternehmen brauchen Geld und müssen es sich über die Börse oder andere Kanäle besorgen.

Retailgeschäft

Das Retailgeschäft ist das standardisierte Privatkundengeschäft von Banken.

Shareholder Value

Der Marktwert eines Unternehmens. Multipliziert man die Anzahl der Aktien eines Unternehmens mit dem Wert der Aktien an der Börse, ergibt sich der Unternehmenswert. Das heißt: Je höher der Aktienkurs, umso höher der Unternehmenswert. Diese starke Ausrichtung auf den Aktienkurs hat eine kapitalmarktorientierte Unternehmensführung mit sich gebracht.

Schattenbanken

Schattenbanken betreiben bankähnliche Geschäfte ohne Banklizenz. Sie sind Zweckgesellschaften, deren Zweck es ist, für den Geldkreislauf an den Börsen zu sorgen. Dazu gehören Hedgefonds, Geldmarktfonds.

Single Resolution Mechanism (SRM)

Der neue europäische Abwicklungsfonds SRM sieht vor, dass ein zentrales Gremium oder Board für größere oder grenzüberschreitende Banken zuständig sein soll, die in Schieflage geraten sind. Das Gremium ist ab Anfang 2016 direkt für rund 130 Banken europaweit zuständig. Über acht Jahre wird ein gemeinsamer Abwicklungsfonds gespeist, der schließlich 55 Milliarden Euro oder ein Prozent der Bankeinlagen enthalten soll.

Special Purpose Vehicles (SPV)

Zweckgesellschaften, die zu einem bestimmten Zweck gegründet wurden. Eingesetzt werden Zweckgesellschaften vor allem für strukturierte Finanzprodukte, die aus verschiedenen Quellen zusammengesetzt sind. Die SPV sollen einen Zugriff finanzierender Gläubiger auf Vermögenswerte des Investors vermeiden.

Strukturierte Finanzprodukte

Eine Kombination diverser Finanzprodukte, so etwa Aktienanleihen oder Zertifikate. Das sind wiederum sogenannte Derivate, weil sie je nach dem Basiswert, in dem Fall einer bestimmten Aktie, mit am Erfolg partizipieren.

Systemrelevant

In etwa dasselbe wie „too big to fail". Im Zusammenhang mit Banken bedeutet dies, sie sind zu groß, um sie fallen lassen zu können. Wenn kleinere Banken nicht fallen gelassen werden, weil sie für eine bestimmte Region und ihre wirtschaftliche Zukunft besonders wichtig sind, nennt man das auch systemrelevant.

Terminkontrakt oder Termingeschäfte
Ein Übereinkommen zwischen zwei anonymen Marktteilnehmern, einem Verkäufer und einem Käufer. Dabei verpflichtet sich der Verkäufer, eine standardisierte Menge eines bestimmten Finanzinstrumentes (oder einer Ware) zu einem bestimmten Preis und einem festgelegten zukünftigen Zeitpunkt zu liefern. Auf der anderen Seite verpflichtet sich der Käufer, die dem Kontrakt zugrunde liegende Ware per Liefertermin abzunehmen.

Swap-Geschäft
Ein Tauschgeschäft. Swap ist ein Sammelbegriff für Derivate. Im Prinzip werden Zahlungsströme getauscht. Swaps gibt es für Kreditausfälle, aber Swaps sind auch Termingeschäfte, auch Zinsen und Währungen werden geswapt, denn auch hier werden Werte getauscht.

Thesaurierung oder Gewinnthesaurierung
Gewinne werden nicht ausgeschüttet, sondern verbleiben in der Organisation. Thesaurierung ist also auch eine interne Eigenfinanzierung.

Literatur

Kapitel II

DOMBRET, Andreas: „Der Domino-Defekt", *Der Spiegel* vom 2.9.2013.

GELOS, Gaston: „Lösung für ‚too big to fail'", *Börsen-Zeitung* vom 1.4.2014.

GOEDECKMEYER, Karl-Heinz: „Schwache Fesseln für Grossbanken", *Schweizer Bank* vom 21.3.2014, Heft 4.

GROPP, Reint: „Hedgefonds steigern das systemische Risiko: Intransparenz und hohe Fremdfinanzierung verstärken Finanzkrisen", *Börsen-Zeitung* vom 29.4.2014.

GROPP, Reint; SCHRÖDER, Michael; TRELA, Karl; ARNOLD, Eva: „Risikoübernahme im Bankensektor: Unterscheiden sich Sparkassen und Genossenschaftsbanken von Geschäftsbanken?", Zentrum für Europäische Wirtschaftsforschung GmbH, Mannheim, 12.10.2012.

LANZ, Martin: „Europas Banken bremsen weiter", *Neue Zürcher Zeitung* vom 10.4.2014.

SCHMID, Simon: „Bankenbranche ist vielleicht einfach zu gross", *Tagesanzeiger* vom 18.2.2014.

ZIMMERMANN, Guido: „Die Finanzkrise – im Kern eine Einlagenkrise der Schattenbanken", *Analyse und Berichte*, 2012, Heft 2; auch online unter: http://www.wirtschaftsdienst.eu/archiv/jahr/2012/2/die-finanzkrise-einlagenkrise-der-schattenbanken/ (Stand 28.8.2014).

Kapitel III

APA Nachrichtenagentur: „Moody's senkt ÖVAG-Rating weiter", veröffentlicht auf *derStandard.at* am 5.8.2014; auch online unter:

http://derstandard.at/2000004004701/Moodys-senkt-OeVAG-Rating-
weiter (Stand: 29.8.2014).

BACHNER, Michael; KISCHKO, Irmgard: „Titanic Hypo. Wer sie
versenkte, wo das Geld ist, wer zahlen soll", *Kurier* vom 16.2.2014.

ELFLEIN, Christoph; MAYER, Kurt: „Seid Ihr zu blöd, eine Bank zu
kaufen?", *Focus* vom 20.1.2014.

GRABER, Renate: „Aufseher rechnen mit Milliardenloch bei ÖVAG",
derStandard.at vom 30.7.2014; auch online unter:
http://derstandard.at/2000003777240/OeVAG-Aufseher-rechnen-mit-
Milliarden-Loch (Stand: 29.8.2014).

GRABER, Renate: „ÖVAG droht Kapitalloch von 600 bis 800 Millionen",
Der Standard vom 28.8.2014.

GRÄF, Bernhard; SCHNEIDER, Stefan: „Wie bedrohlich sind die
mittelfristigen Inflationsrisiken", Studie der Deutschen Bank Research
vom 30.4.2009; auch online unter:
http://www.dbresearch.de/PROD/DBR_INTERNET_DE-PROD/
PROD0000000000241015.pdf (Stand 29.8.2014).

HANDELSBLATT Nr. 082: „Lehman-Pleite wirkt noch immer nach",
vom 29.4.2014.

HENKEL, Hans-Olaf: „Henkel: Espírito Santo wird vor allem durch
deutsche Steuerzahler gerettet", Presseaussendung von Alternative für
Deutschland (AFD) vom 6.8.2014.

HESSE, Martin; SEITH Anne: „Wetten auf den Crash",
Der Spiegel vom 2.12.2013

KAMM, Simon: „Milliardenschwere Bankenrettung in Portugal",
Neue Zürcher Zeitung vom 4.8.2014.

LUTTER, Marcus: „Finanzkrise und Wirtschaftsordnung"
(Schriften zum europäischen und internationalen Privat-, Bank- und
Wirtschaftsrecht; Band 32): Stefan Grundmann (Hrsg.), Berlin: De
Gruyter Recht, 2009.

REUTERS; Nachrichtenagentur: „Pleite von US-Finanzfirma MF Global
schlägt hohe Wellen", vom 1.11.2011;
auch online unter: http://de.reuters.com/article/idDEBEE7A00C520111101
(Stand 29.8.2014).

SCHMID, Beat: „Die entfesselte UBS", *Aargauer Zeitung* vom 16.3.2014.

SCHMID, Simon: „Bankenbranche ist vielleicht einfach zu gross",
Tagesanzeiger vom 18.2.2014.

SCHÜLLER, Stephan: „Folgen der Finanzkrise – Paradigmenwechsel in
der Finanzindustrie", veröffentlicht in „Die Banken in ihrer größten
Krise – wie geht es weiter?", Beiträge des Duisburger Banken-
Symposiums. Wiesbaden: Gabler, 2012.

SEITH, Anne: „Das könnte böse enden", *Der Spiegel* vom 2.12.2013.

TAGESANZEIGER: „Beschwerden zur Auslieferung der Kundendaten
abgearbeitet", vom 1.11.2011.

URSCHITZ, Josef: „Bankenpleiten und geschröpfte Steuerzahler", *Die
Presse* vom 18.4.2014.

Kapitel IV

APA Nachrichtenagentur: „Unsere Politiker sind zu blöd und zu feig",
veröffentlicht auf *derStandard.at* am 14.5.2011.

ELFLEIN, Christoph; MAYER, Kurt-M.: „Seid Ihr zu blöd, eine Bank zu
kaufen?", *Focus* vom 20.1.2014.

finews.ch: „Man könnte es als Diebstahl bezeichnen", vom 10.1.2013;
auch online unter: http://www.finews.ch/news/finanzplatz/10568-
marcel-rohner-parlamentsausschuss-grossbritannien (Stand: 27.8.2014).

GEPP, Joseph: „Die große Hypothek", *Falter* Nr. 08/2014 vom 19.2.2014.

GRUNDLEHNER, Werner: „Bad Bank als Vorbild?",
Neue Zürcher Zeitung vom 2.6.2014.

GRUNDMANN, Stefan: „Finanzkrise und Wirtschaftsordnung"
(Schriften zum europäischen und internationalen Privat-, Bank- und
Wirtschaftsrecht, Band 32): Stefan Grundmann (Hrsg.), Berlin: De
Gruyter Recht, 2009.

HENKEL, Christiane Hanna: „Gerichtsverfahren abgewendet", *Neue
Zürcher Zeitung* vom 29.4.2013.

HENKEL, Christiane Hanna: „Die Ärmel sind hochgekrempelt", *Neue
Zürcher Zeitung* vom 8.10.2013.

MÜTZE, Thomas: „Milliardengrab Hypo – Hierzu kann man nicht
schweigen – der Milliardengrab-Blog geht weiter", Blog von Thomas

Mütze, Sprecher für Wirtschaft und Finanzen im Bayrischen Landtag, Bündnis 90/Die Grünen; http://milliardengrab-landesbank.de/tag/ huber/ (Stand: 1.9.2014).

MITTERSTIELER, Esther: „Jetzt sind wir am Gipfel der Hysterie", *WirtschaftsBlatt* vom 15.4.2009.

OTT, Klaus: „Zu blöd, eine Bank zu kaufen", süddeutsche.de vom 5.6.2011; http://www.sueddeutsche.de/bayern/kurt-faltlhauser-zum-kauf-der-hgaa-ihr-seid-doch-zu-bloed-eine-bank-zu-kaufen-1.1105330 (Stand: 27.8.2014).

STUCKI, Walter: „Den Bock zum Gärtner machen", *Berner Zeitung* vom 31.3.2014.

VOLCKER, Paul A.: Remarks at the annual meeting of the Bretton Woods Committee, Washington D.C., Vortrag vom 21.5.2014.

Kapitel V

AGENTUREN (sda/Reuters/dpa); *Neue Zürcher Zeitung* E-Paper/ Webpaper Stand: „Adoboli zu sieben Jahren verurteilt" vom 20.11.2012; http://www.nzz.ch/aktuell/wirtschaft/ wirtschaftsnachrichten/adoboli-in-einem-ersten-anklagepunkt-schuldig-gesprochen-1.17823941 (Stand: 20.8.2014).

APA Nachrichtenagentur: „Downgrade für Erste, RZB und Bank Austria", veröffentlicht auf *derStandard.at* am 13.8.2014; http://derstandard.at/2000004352184/SP-senkt-Rating-von-Erste-Group-RZB-und-UniCredit-Bank (Stand: 2.9.2014).

BENDER, Jörn; SCHNETTLER, Daniel: „Banken schulden noch Milliarden", *Wiesbadener Tagblatt* vom 17.9.2013.

BRUMMER, Chris: „Tiefer Graben zwischen USA und EU", *Handelszeitung* vom 30.1.2014.

ELLIOT, Douglas J.; RAUCH, Christian: „Umsetzung der ‚Volcker Rule' offenbart Risiken", *Börsen-Zeitung* vom 18.4.2014.

Europäische Zeitschrift für Wirtschaftsrecht, EuZW, „Bankrecht: Vorschlag zur Strukturreform des Bankensektors", 2014, Heft 4.

FRICKE, Thomas: „Finanzkrise: Der Reformeifer geht am Kern des Märkteproblems vorbei", *Wirtschaftsdienst – Zeitschrift für Wirtschaftspolitik*, 2013/3, Heft: 5.

HESSE, Martin; PAULY, Christoph: „Angst vor dem Stresstest", *Der Spiegel* vom 30. 9. 2013.

HÖLTSCHI, René: „Die EU besiegelt die Bankenunion", *Neue Zürcher Zeitung* vom 16. 4. 2014.

JOHANN, Bernd; KÖRNER, Andreas; WENDT, Alexander: „Deutschland, ein Zockermärchen", *Focus* vom 2. 6. 2014.

MITTERSTIELER, Esther: „Bei den Stresstests sieht man, wie viel eine Bank aushält", *WirtschaftsBlatt* vom 9. 7. 2009.

ORF.AT: „Regierung gibt sich optimistisch", vom 11. 6. 2014; http://orf.at/stories/2233706/2233707.

RÖSELER, Raimund: „Bankenaufsicht im Wandel", *die bank – Zeitschrift für Bankpolitik und Praxis* 4/2014; auch online unter: http://www.die-bank.de/index.php?id=9&tx_ttnews%5Btt_news%5D= 18647&cHash=21a7bfad2c1e93c0231a08615a2e3443 (Stand: 2. 9. 2014).

TAGESANZEIGER: „Adoboli war ein Ladendieb – UBS liess ihn dennoch spekulieren", vom 30. 11. 2012; auch online unter: http://www.tagesanzeiger.ch/wirtschaft/unternehmen-und-konjunktur/Adoboli-war-ein-Ladendieb--UBS-liess-ihn-dennoch-spekulieren-/story/17159162?track (Stand: 29. 8. 2014).

VAUBEL, Roland: „Die Finanzkrise als Vorwand für Überregulierung", *Wirtschaftsdienst – Zeitschrift für Wirtschaftspolitik*, 2010, Heft 5; auch online unter: http://www.wirtschaftsdienst.eu/archiv/jahr/2010/5/ die-finanzkrise-als-vorwand-fuer-ueberregulierung/ (Stand: 29. 8. 2014).

Kapitel VI

BLOSS, Michael: „Von der Wall Street zur Main Street: die Weltwirtschaft nach der Finanzkrise", Michael Bloss, München/ Oldenbourg, 2009.

COMFORT, Nicholas: „McKinsey warnt vor 1,2-Billionen-Euro-Finanzlücke bei Europas Banken", WELT.de am 10. 4. 2013;

http://www.welt.de/newsticker/bloomberg/article115178940/McKinsey-warnt-vor-1-2-Bill-Finanzluecke-bei-Europas-Banken.html
(Stand: 2.9.2014).

GRUNDMANN, Stefan: „Finanzkrise und Wirtschaftsordnung"
(Schriften zum europäischen und internationalen Privat-, Bank- und
Wirtschaftsrecht; Band 32): Stefan Grundmann (Hrsg.),
Berlin, De Gruyter Recht, 2009.

HEUN, Werner: „Der Staat und die Finanzkrise",
JuristenZeitung 65. Jahrgang, vom 22.1.2010.

LANZ, Martin: „Bilanzrisiken als Black Box",
Neue Zürcher Zeitung vom 16.4.2014.

PFLUGER, Bettina: „Ein Kredit von mir zu dir",
Der Standard vom 14.3.2014.

SCHMID, Beat: „Die entfesselte UBS", *Aargauer Zeitung* vom 14.3.2014.

TROGER, Beate; MEIER, S.: „Eine Bank zum Wohle der Demokratie",
Tiroler Tageszeitung vom 24.3.2014.

URSCHITZ, Josef: „Landeshaftungen: Kärnten ist (fast) überall",
Die Presse vom 4.9.2013.

WENDT, Alexander: „Grüne Ideen, rote Zahlen", *Focus* vom 31.3.2014.

ZIEGERT, Susanne: „Die Weisheit der Masse schützt nicht vor dem
Totalverlust", *NZZ am Sonntag* vom 20.7.2014.

ZUMTOBEL GROUP: Vergütungsbericht für das Geschäftsjahr 2013/14,
http://www.zumtobelgroup.com/de/8708.htm (Stand: 2.9.2014).

Danksagung

Allen voran möchte ich mich bei Martin bedanken – für seine Liebe und seine große Geduld in allen Lebensfragen und -tagen. Ohne seine Unterstützung müsste der Verlag wohl noch immer darauf warten, dass ich die letzten Seiten liefere.

Danke meinen Eltern für alles, was sie mir auf meinen Weg mitgegeben haben.

Danke an Claudia, die mich dazu ermutigt hat, das Buch zu schreiben.

Danke meiner Lektorin Julia Hinske für die genaue „Lesung", das hartnäckige Nachhaken und die großartige Motivation.

Danke an Gerald Plank, der mich nicht nur bei der Recherche unterstützte, sondern mir auch gute Inputs gab.

Danke Gernot Sittner für seine klugen Einwände.

Danke den Verlegern Bernhard und Konstanze Borovansky für ihr immenses Vertrauen – und dem gesamten Team des Verlags. Selten habe ich so große Professionalität gepaart mit außergewöhnlicher Liebenswürdigkeit gesehen.

Danke all meinen Gesprächspartnern, unter anderem Hannes Androsch, Willibald Cernko, Gerhard Fabisch, Michael Ikrath, Ewald Nowotny und Claus Raidl.

Danke auch all jenen, die nicht genannt werden wollten und mir ebenso wertvolle Hinweise gaben, wo ich in meiner Analyse des derzeitigen Zustands des Bankwesens im Speziellen und des Wirtschaftssystems im Allgemeinen genauer hinschauen sollte.